正面管教：不打不骂，培养出色男孩

刘思瑾 编著

北方文艺出版社

2022年 · 哈尔滨

图书在版编目（CIP）数据

正面管教：不打不骂，培养出色男孩 / 刘思瑾编著
. -- 哈尔滨：北方文艺出版社，2022.1（2022.10 重印）
ISBN 978-7-5317-5341-4

Ⅰ. ①正… Ⅱ. ①刘… Ⅲ. ①男性－家庭教育 Ⅳ.
① G78

中国版本图书馆 CIP 数据核字 (2021) 第 190554 号

正面管教：不打不骂，培养出色男孩
ZHENGMIAN GUANJIAO BUDA-BUMA PEIYANG CHUSE NANHAI

作　者 / 刘思瑾
责任编辑 / 张　戎
封面设计 / 深圳・弘艺文化

出版发行 / 北方文艺出版社
邮　编 / 150008
发行电话 /（0451）86825533
经　销 / 新华书店
地　址 / 哈尔滨市南岗区宣庆小区 1 号楼
网　址 / www.bfwy.com

印　刷 / 哈尔滨午阳印刷有限公司
开　本 / 880mm × 1230mm　1/32
字　数 / 118 千
印　张 / 6
版　次 / 2022 年 1 月第 1 版
印　次 / 2022 年 10 月第 2 次印刷

书　号 / 978-7-5317-5341-4
定　价 / 42.00 元

前言

父母总觉得孩子还小，一切都在自己的掌握之中，孩子的衣食住行，甚至人生规划，父母都想着为他做好，为他包办。然而就是这个小男孩，终有一天要长成顶天立地的男子汉，而这巨大而隐秘的变化，正发生在父母与他相伴的十几年间。父母有必要了解男孩成长的阶段，培养他积极正面的品质，陪伴他，引领他健康成长。

然而，在家庭教育中，如何培养好孩子，仍然是父母们最大的疑问。父母对孩子的教育是多方面的，不能单纯注重某一方面。现实生活中，有的父母恨铁不成钢，还把“棍棒底下出孝子”奉为圭臬，导致孩子心灵扭曲，做任何事都喜欢暴力相向。有些父母望子成龙心切，希望孩子从小就是最优秀、最完美的，要求孩子门门功课要得满分，还要兼有多种爱好和专长，如音乐、绘画、舞蹈等，却在无形中给了孩子过多的压力，适得其反。有的父母对孩子事事包办，甘心当个“包管家”，让孩子无忧无虑地成长，风不吹、日不晒、雨不淋，造就出脆弱不堪、难以成事的“妈宝男”，没有独立意识，一切只会依赖父母。而有的父母虽说无微不至地照顾孩子的生活起居、身体健康，但却对孩子的为人处世、心灵健康方面漠

不关心，一味放养，忽视了孩子的情商培养，导致孩子无法与人交流，甚至存在沟通障碍，严重影响孩子的成长和未来。

很多父母往往在谴责学校教育、社会教育对孩子的不利影响的同时，却忽略了家庭教育对孩子有着不可推卸的责任，父母作为孩子的第一任老师，有没有反省过自己对孩子的教育方式是否科学，是否得当呢？

有效的管教方式让孩子终身受益，而不当的管教方式会毁了孩子的一生。实践证明，用冷静的方式对孩子进行管教，远远胜过又打又骂、大吼大叫的教育方式。父母如果能把精力放在控制自己的行为上，而不是控制孩子的行为，将会得到意想不到的结果。本书结合现代教育中先进的教育理念，列举了多种正面管教孩子的有效方法，改变传统的说教、溺爱、打骂、批评、娇惯等种种不当的教育方式，强调合理而科学的正面管教方案给孩子带来的益处，规避了父母在家庭教育中常犯的管教错误。相信父母们都能通过本书提供的正面管教方法，不用打、不用骂，培养出成绩优异、能力突出、人格健全的男孩。

目录

第一章
以身作则，父母要做男孩人生路上的好榜样

003 第一节 了解男孩成长的三个阶段
003 0~6岁，无忧懵懂的幼年时光
005 6~14岁，学习男性的一面
009 14岁以后，帮助孩子变成成年人
012 第二节 男孩与女孩的差别
012 成长差异——男孩和女孩的大脑结构有所不同
014 睾丸激素的作用——为何男孩更爱争吵和打架
017 第三节 父母的性格和言行举止对男孩的影响
017 妈妈，请学会放手，让男孩走自己的路
019 爸爸，请培养男孩的男子汉气概
023 别把“大吼大叫”当成家常便饭
026 学会尊重孩子的隐私

第二章
父母不吼不叫，培养出色男孩必须掌握的教育法则

031 第一节 良好的生活习惯，是培养出色男孩的基础

031 穿着得体，干净整洁，为男孩增添魅力

034 让男孩养成礼貌的好习惯

037 良好的睡眠习惯很重要

040 好好吃饭——让男孩养成健康的饮食习惯

044 热爱劳动，让男孩做个勤奋少年

048 第二节 注重品格塑造，培养男孩的优秀品格

048 别忽视对男孩良好品德的培养

050 坚韧不拔，男孩获得成功的基础

052 乐观向上，让男孩一生充满阳光

054 宽容大度，男孩的心胸能“海纳百川”

059 拒绝谎言和编造，培养男孩诚实守信的根本

062 节俭不等于“小气”，让男孩懂得一分一厘来之不易

064 孝顺，是男孩做人的根本

066 第三节 人无才不立，培养好好学习的男孩

066 不要过分看重考试分数

068 不打不骂，理性应对男孩厌学情绪

071 兴趣是最好的老师，激发男孩的学习兴趣

075 培养男孩的专注力

078 第四节 财商教育，培养男孩的理财观念

078 帮男孩树立正确的金钱观
080 怎样给男孩零花钱才合适
083 从压岁钱开始培养男孩的理财能力
086 第五节 尽心尽责，用智慧培养孩子的情商
086 帮助男孩做自己情绪的主人
088 延迟满足，让孩子学会等待
090 培养孩子的同情心
092 培养孩子的合作精神
095 第六节 帮助男孩顺利度过“青春叛逆期”
095 及时疏导青春期男孩的心理压力
096 请及早与你的男孩谈“性”
098 让男孩学会尊重女性
101 直面“早恋”，为男孩树立正确的爱情观

第三章 男孩成长过程中经常出现的问题及解决方法

107 我不穿这个！——男孩穿衣服到底听谁的？
108 乱糟糟的男孩房间，谁收拾？
110 让男孩独自睡觉太难，怎么破？
112 男孩挑食怎么办？
114 不打不骂，如何解决男孩哭闹的问题？
117 克服男孩的恐惧心理

120　男孩喜欢虐待动物怎么办?
123　输不起的男孩如何开导?
125　男孩突然自我膨胀，不愿跟父母说话了怎么办?
127　男孩会告状了，怎么面对?
129　男孩太害羞了，见到陌生人不敢说话怎么办?
131　注意别让男孩成为“电视儿童”
135　莫让孩子形成“手机依赖症”
137　男孩突然脏话连篇，打骂管用吗?
140　认真识别男孩的谎言
143　男孩喜欢攀比该怎么引导?
147　男孩突然爱玩自己的“小鸡鸡”，怎么回事?
150　男孩出现“偷窃”的坏毛病，如何纠正?
154　什么事都喜欢找借口的男孩，要注意了!
158　好斗男孩怎么教?
160　男孩的臭脾气可不是“解放天性”，必须克制
164　男孩被别的孩子打了怎么办?
167　男孩的嫉妒心理如何引导?
170　抑制不住的好奇心——男孩总是乱摸乱撞
172　伤心欲绝的幼儿园之旅，如何应对?
174　抢夺别人的玩具，还有理了?
178　孩子爱顶嘴——未必是坏毛病
181　网瘾男孩怎么管教?
183　男孩不愿意分享玩具就是自私吗?

第一章

以身作则，父母要做男孩人生路上的好榜样

榜样的力量是无穷的！无论是言谈举止，还是为人处世上，父母一定要给孩子做个好榜样。父母想让孩子成为懂事孝顺的人，自己就得先做个尊老爱幼的人；父母想让孩子成为有礼貌、有教养的人，自己就不能满口脏话；父母想让孩子成为爱读书学习、品学兼优的好学生，自己就得放下手机、远离电视，抽时间陪在孩子身边读书看报讲故事。父母是孩子的一面镜子，孩子是父母的翻版，从孩子身上就能看到父母的影子。基本上，什么道德品质的父母就能养育出什么道德层次的孩子。所以，家庭中的每个成年人，在孩子面前说每一句话，做每一件事之前，都要考虑到这样说和做对孩子的影响是好还是坏。耳濡目染、潜移默化的作用是不可估量的！这就是“言教不如身教，身教不如境教”的道理。

第一节 了解男孩成长的三个阶段

男孩成长大致可以划分为三个阶段，每个阶段表现都有所不同，同时又表现出一些独有的特点。孩子都是一天一天长大的，需要一个过程，没有任何捷径可走。只有清楚地了解每个阶段男孩的心理特征和生理特征，才能引导孩子健康成长。

0~6 岁，无忧懵懂的幼年时光

婴儿时期的男孩，需求和女孩并没有什么不同，他需要和一个抚育他的人建立特殊的亲密关系，这个人一般都是母亲，母亲提供他最需要的奶水、安抚和拥抱。之后男孩和女孩的区别开始慢慢出现，女孩比男孩更会认脸，触觉更敏锐；而男孩长得更快，从两三岁开始玩的时候会占用更多空间，喜欢使用物品，喜欢把积木搭高，而女孩更喜欢搭比较低的积木。

母亲的作用

如果母亲是男孩的主要抚育者，他会把母亲当作亲密关系和爱的学习榜样。如果母亲不是用打骂或羞辱的方式，而是温柔但坚定地设定规矩，他会接受这些规矩而且进步很快。因为他知道妈妈爱他。

如果母亲喜欢教他说话，他大脑的语言能力会发展更快，让他更爱和人交往。而缺乏与人交往的兴趣或交流能力是很多男孩长大后的弱点，母亲在男孩幼年期就可以弥补这一点。

如果母亲经常情绪悲伤，对男孩缺乏关注，男孩的大脑就会发生改变，变得容易悲伤难过。如果母亲总是生气，打骂他，他会迷惑母亲是否爱他，缺乏安全感。所以母亲需要其他人的帮助，休息好，才能做好抚育孩子这项重要的工作。母亲也需要被照顾，她才能照顾好孩子。

爱冒险是男孩的天性，母亲应该欣然接受。当男孩捉了一只小壁虎或者用沙子堆了一团东西时，母亲应该感到骄傲和快乐，而不是催他洗手换衣服。父亲可以逗他玩，和他假装摔跤，同时是温和的，也照料他，给他读书，在他生病时照顾他。小男孩就会知道：男人可以是让人激动的、友好的、爱读书的，也可以分担家里的家务和照顾孩子的任务。

需要注意的问题

对于和母亲分离，男孩会有更强的焦虑感，如果感觉被抛弃，他更容易关闭内心，不和外界交流。如果可能，男孩在三岁前，最好由家人照顾，班级很大的托儿所或幼儿园特别不适合小男孩。有分离焦虑感的男孩可能会在幼儿园表现得好动或者有攻击性，大人们很可能会给他贴标签，说他好动、爱打人，而这个标签可能会一直跟随他。

如果是由家人照顾或者是在只有几个孩子的小型家庭式托儿所由有爱心的老师照顾，男孩会适应得更好，分离焦虑感会降低。3岁以下的孩子需要和把他放在心里特殊位置的人度过幼年期。男孩们最早需要学到的是亲密、信任、温暖、快乐和友善。这些幼年时体验到的感情会帮助他更平稳地度过容易冲动的青春期，平衡他爱冒险和爱竞争的天性。

总之，6岁之前，男孩和女孩没有根本的区别。母亲可以是主要的抚育者，但父亲也可以承担这个角色。重要的是有一两个关键的人爱他，在他的幼年期，把他放在最重要的位置，这样他会一生都有内在的安全感，他的大脑会获得亲密交流的技能，喜爱学习和互动。

6~14岁，学习男性的一面

6岁左右，男孩会有一个很大的转变，他开始模仿超人、蝙蝠侠等这类的男性英雄的动作，喜欢挥枪舞棒，制造一大堆的噪声（和麻烦），更重要的是他开始很黏父亲，如果父亲缺位，那么他会黏身边的其他成年男性，向他学习，模仿他。如果得不到父亲的注意和关怀，很多男孩开始出现行为问题，如打架、具有攻击性、在学校不服管教等。

母亲的作用

虽然男孩开始黏爸爸，但不意味着母亲就不重要了。社会对于男性的要求通常是坚毅顽强，其实能够勇于面对内心情感，有温柔、爱心一面的男性人格更完善，婚姻和人际关系更加协调。

母亲应该让男孩知道她一直会支持他、爱他，男孩还可以和母亲很亲密，保持柔软的内心。有的父亲抱怨儿子和妈妈太亲了，其实不是妻子做得太多，而是他和儿子的互动太少。如果父亲怀着抱怨的态度或者对儿子期待太高，只会把儿子推得更远。

如果母亲突然疏离他，这样的男孩长大后往往人际关系僵硬，感情单调。所以母亲们，不论你的儿子是5岁还是15岁，你都可以多多拥抱他。

父亲的作用

虽然6～14岁的男孩依然依恋妈妈，但他的兴趣已经改变了，他更加专注于男性角色能够给予他的东西。相比母亲，他们更注意父亲说的话，更愿意向父亲学习。

6～14岁这短短几年是父亲影响儿子的最宝贵的时机，父亲这段时间应该花更多时间和儿子在一起，如果父亲缺位，那么男孩会转向寻找其他能够教导他的男性。很可惜在当今的学校里男教师越来越少，很多男孩只能在年长一些的同伴中吸取力量，所以在学校中会有男孩的小团体甚至帮派。没有年长、值得尊敬的男性的引导，这些同龄人的团体在混乱中探寻方向，接触到如暴力、过早的对性的认识、吸烟等不良现象。

父亲这时需要真正承担起父亲的角色，深入儿子的生活，扶持他的成长，在人际关系、品格力量、家庭婚姻、价值导向等方面做儿子的模范，成为儿子和成年男性世界之间的桥梁。

①父亲应该拿出时间陪伴儿子玩耍、教导儿子。要学会放松一点，不要仅仅出于压力或者责任感去和儿子在一起。享受和儿子在一起的时间，选择你们两个人都喜欢的活动，不要把和亲子时间变成学习时间，降低对儿子的压力，逐步教会孩子你的技能，和孩子一起体会体育运动、远足、种植等活动的快乐。

②学会表达感情。男孩子喜欢拥抱、玩耍、摔跤，但父亲们也可以通过读书、讲故事、并坐聊天和听音乐等安静一点的活动和儿子建立感情联系，要真诚地夸赞孩子的聪慧、努力或者创意。有些爸爸害怕这些会让儿子娘娘腔，但事实恰恰相反，很多同性恋是因为缺乏父爱而寻找与其他男性的亲密感情。

③父亲要做慈父也要做严父。部分父亲喜欢做轻松的慈父，把难做的部分如管教孩子、分担家务、监督作业、为孩子做出选择等交给妻子。有些妻子半开玩笑地说："我有两个儿子，其中一个是我的丈夫。"不要让自己的妻子陷入这样的境地，父亲不仅要做孩子的朋友，还要和妻子分担养育和引导孩子的责任。

需要注意的问题

6～14岁的男孩会面临幼儿期没有碰过的问题，如霸凌、歧视、同龄人和社会过早带来的性信息等，需要父母密切关注这些问题的表征。比如，在学校受到霸凌的男孩会有不想上学、缺乏朋友、零花钱丢失等现象。而另一个普遍的问题是男孩在这段时间的心智成熟度比女孩晚半年到一年，很多父母希望孩子能够尽早入学，好抢先一步，其实男孩如果晚一年上学，才会和女同学旗鼓相当，才能比较自信，顺利地学习和适应学校生活。

总之，男孩6～14岁是父亲为之奠定男性基础的宝贵时期，再忙的父亲在这几年也应该挤出时间多关注儿子，即使是很小的事情也会产生很大的影响：在夏夜散步、和儿子聊聊自己的成长过程、一起打球、拍拍儿子的肩膀告诉他他很棒……这些美好的记忆会一直伴随他的成长。

14 岁以后，帮助孩子变成成年人

我们通常认为孩子从14岁到成年的过程顺理成章的就是好好学习，多发展课外特长，进入理想的大学，然后找到体面的工作。真正成年的人有自己的原则、有跌倒了爬起来的勇气、有不役于外物的能力、有对朋友和家人的爱。这样的成年人能面对家庭的矛盾、处理自身健康的问题、面对经济环境的改变和职场技能更替的挑战，他对自身的认同、家人的关系和幸福感不会因为环境变化而轻易改变。所以在孩子14岁到成年的这段时间，父母的目标不应该是名牌大学，而是如何培养他成年，父母要做的应该与男孩的前面两个发展阶段相反：继续爱他，但要后退一步，让他接触外界的优秀的人，给他更广阔的视野，给他帮助别人的机会，给他做决定和承担责任的经验。

男孩在 14 岁到成年期间的发展特点

①思考

男孩在这段时间里发育的重心其实在于他的头脑。可以说青春期是男孩开始思考的年纪，他开始抽象思维，开始批判、分析自己及他人和他身边的世界。青春期的男孩经常说这样的话：“我父母总是说他们支持我，但他们不让我去探索真正的自我”“我爱我爸爸，但他说话会有种族歧视”“我妈妈人很好，但她总是让别人左右她”等等。他开始有沉默独处的时候，用来思考、吸收、理清自己的感受，分析生活中所发生事件的意义。

父母们这时要相信我们在他幼年奠定的基础，要信任他。

②多变

青春期的男孩是多变的，容易情绪化。为了探索自我，他会尝试不同的行为方式，他可能会一时很自信，清楚地知道自己想要什么；一时又忧郁害羞，一会像个学究，一会像个嬉皮士。父母们有时会很不喜欢他的一些言行，比如染头发、戴耳环、批判别人等，但只要我们记得一点，就可以平静地对待他，与他沟通。他的行为不是针对我们的，不是故意让我们难堪生气的，他只是在探索自己，去了解这个世界，或者通过一些言行，希望被他的朋友们接纳。

③从否定到肯定

青春期的发展有两个阶段，从13岁到16岁左右（大概就是初高中阶段），男孩子们带着美好的希翼去探索世界，他们期待发现真善美，但却失望地发现丑陋、不公和人性的缺点，他们几乎对所有的事情都持否定态度，他们对事情的批判会毫不留情、犀利准确。但到了青春期的末尾（大概是进入大学后），男孩们从希望破灭到接受现实，希望改变现实中的不公，开始期待新生活。

④精力旺盛

这段时间里，男孩的荷尔蒙会是幼年期的800倍，身体飞速发育，很多男孩整天坐立不安，打球、跑步等成了他们最喜欢的事情。所有的男孩这时都应该有体育活动，父母们应该帮助他寻找适合自己的活动。虽然篮球、足球等非常盛行，但不是所有的男孩都喜欢或适合团体运动，内向一点的孩子可以练习游泳、自行车、摔跤等个体运动。

父母要做的事

①沟通

父母要做的不是关注于男孩这时让你烦恼的表面问题，如染发、打耳洞等。我们要透过这些表面，去发现男孩内心对独立人格的追求；在男孩们抱怨的话里，理解他们的正面诉求。比如“爸爸，你总是不理解我”，是否意味着他其实需要你的支持和认可？“我恨你！”是否是表达他感到受伤？“我找什么样的女朋友不关你的事”是否意味着“我需要隐私，我需要更好地把控我自己的生活”？

②避免“做过头”

现代父母往往过度关注孩子的成功，他们为孩子聘请昂贵的私教，送孩子参加各种特长班和比赛，拼命把孩子往名牌大学里推，帮助孩子选择研究生学院，甚至帮助孩子投递简历。这种overparenting（过度养育）不仅限制孩子成为独立的人，而且人为地把孩子的发展划定了一个框框，限制孩子发展的可能性和孩子的想象力，甚至导致孩子抑郁和焦虑。

总之，在14岁到成年的阶段，男孩渐渐脱离家庭，渴望成为更独立的人。父母需要把视线超越上大学这个门槛，关注成年的真正意义，为他寻求可以辅导引领他的优秀成年人，给他独立发展的空间和经验。

第二节 男孩与女孩的差别

不同性别的宝宝在大脑发育时就可能有所差别。男孩和女孩出生后，他们的大脑继续沿着不同的轨道发育。核磁共振成像研究显示，女孩大脑中的一些区域发育得比较快，而男孩大脑中的另一些区域则发育得更快一些。因此，同样年龄的男孩和女孩，他们大脑的发育阶段会有所不同。但最终他们的大脑发育会一致。

成长差异——男孩和女孩的大脑结构有所不同

美国普林顿大学的一项研究发现，男孩和女孩的大脑结构并无差别，但其连接的网络却存在着巨大的差异，并为此绘制了一份图纸。从中我们可以发现，女孩子左右脑半球之间是相互联通的，而男孩子的左右大脑半球之间只有少数部分有密集的连接，绝大部分处在没有明显连接的程度。

这也就是说，当家里生了女孩时，她未来无论是在社交还是其他方面都会做得更好，父母也会更为省心。如果可能的话，她们还会超越妈妈，成为爸爸的好助手，让爸爸觉得她更贴心。反之，那些家有男孩的父母就要“无奈”了，你们的儿子可能会存在着一些“丢三落四、协调性差、干着急说不明白话”等毛病。

请不要责怪男孩，这都是因为他们负责感觉的区域和负责行动及运动的区域连接在一起，而与其他部分却没有任何连接的关系。就好像一个电器的连接，当你把电极与红灯相连，红灯就会亮起来，当你把它与绿灯连起来，绿灯就会闪亮一样。

由于男孩的大脑发育正好处在负责听觉感知的左侧颞叶，所以听觉比女孩更好的他们，比起刻板的教学来说，反复地听，对他们的学习更有效。而女孩的大脑连接是贯穿于大脑左右半球的左右两侧的，所以，对于任何一种学习方式的掌握都更快、更牢固。

当然，女孩的大脑发育得更均衡，可也存在着弊端，比如她们更能感受到周围气氛的不一样，她们更容易悲伤，更容易罹患抑郁或者其他的精神疾病。

通过对男孩和女孩大脑的研究，教育者们也从中发现了教育男孩、女孩更有效的方法和侧重点。

①男孩更适合在运动中、在体验中学习；而女孩则更适合按部就班的教育或者其他任何一种教育方式。

②我们可以放心让男孩去接受刺激和磨炼；而女孩却更需要父母对她们的心灵加以呵护和理解。

③女孩更愿意做出牺牲和付出的决定；但男孩的大脑却会由于自私而更活跃。所以，不要一味的责怪孩子不考虑父母的感受，没有牺牲精神，而是要用奖励的方法督促他们在竞争中取胜。

父母不应一味指责孩子，给他们压力，如果知道了这都是先天的大脑连接方式决定的，家长就应该在教育孩子的同时考虑到教育的手段和方法也应该男女有异。

睾丸激素的作用——为何男孩更爱争吵和打架

中国有句老话：“七八岁男孩狗都嫌。”说的是男孩淘气、调皮得连狗都不爱搭理。男孩的旺盛精力，的确让很多父母头皮炸开，很多男孩的妈妈都大发感慨：自家的儿子如此好动，一刻都不停歇，一定是上天派来折磨自己的猴精。其实，男孩这样一点毛病没有，那都是睾丸激素的作用。那什么是睾丸激素呢？

准妈妈怀孕时，宝宝的性别差异就在“Y”染色体，简单说来，“XX”是女宝宝，“XY”是男宝宝。但这个决定性的时刻却是在怀孕第6周到第8周才开始显现的。也就是说，所有的宝宝在生命之初，都是相同的，伴随着Y染色体的发动，促使胎儿发育成为男孩。

而睾丸激素其实就是Y染色体在胎儿细胞内移动的产物。因为睾丸激素的分泌，胎儿才具有睾丸和阴茎这些男性特征，直到第15周，睾丸才发育成熟。多余的睾丸激素，促使胎儿越来越具有其他男性特征。

睾丸激素对男孩成长起着非常重要的作用。怀孕期间的准妈妈们的心态很重要，如果压力过大，会抑制胎儿体内睾丸激素的产生，导致胎儿的睾丸和阴茎得不到完全发育。很多男宝宝出生以后，小鸡鸡长得不够好，部分原因也在于此。

睾丸激素会伴随男孩一生成长的，并在不同年龄阶段有不同含量，导致男孩身上有这样那样的行为特征。很多时候，让我们无法接受男孩的行为，别怪他们，都是“睾丸激素”在作祟。

①初生婴儿的阴茎会勃起。初生婴儿得到了家人无微不至的照顾，这个时候，妈妈们竟然惊讶地发现：孩子刚出生没几天，为什么阴茎偶尔会出现轻微的勃起？其实这就是睾丸激素的关系。男婴出生后，体内的睾丸激素含量几乎相当于一个12岁男孩体内的睾丸激素含量！因为宝宝一出生，需要用这些激素来刺激身体发育，不断发育成一个真正的男孩。

②3~4岁的男孩会突然爱上奥特曼，爱上舞刀弄剑。这也是睾丸激素在起作用。当男孩长到三四岁时，睾丸激素会达到之前的两倍！所以，他们会对战斗、对英雄行为、对冒险游戏产

生浓厚的兴趣。体内睾丸激素剧增，它需要一个发泄口，那就是我们为之头疼的“调皮好动”。

③12~13岁的男孩，会突然一连几个月，变得迟钝、木讷、做事毫无计划，生活一团混乱。紧接着，孩子满脸粉刺，性情暴躁不安，让父母对这个阶段的孩子充满了担忧：孩子到底怎么了？其实，还是睾丸激素的作用。从11～13岁，孩子体内的睾丸激素再次剧增，会达到蹒跚学步时期的8倍之多，并在14岁的时候达到最高值！父母们留意观察会发现，孩子的四肢突飞猛长。由于发育过快，男孩的大脑组织重新整合，这才导致他们在那几个月时间内变得木讷。但这，恰恰又是孩子青春期的征兆。14岁，当睾丸激素达到最高值，粉刺眨眼蔓延男孩的脸庞，强烈的性意识在他脑中挥之不去，由此以暴躁不安作为发泄端口。

④25岁的男孩突然变得积极向上，还是源于睾丸激素在“作祟”。25岁左右的男孩，他体内的睾丸激素含量仍然很高，但经过青春期的自我适应，他能逐渐把控自己。随之而来的是，睾丸激素促使他往积极一方面发展，男孩变得有目标、热爱竞争，渴望保护别人，创造力不断涌现。这种睾丸激素导致的旺盛精力，成为男孩事业发展期最重要的激情支柱！

男孩体内的睾丸激素仿佛是一个“升降机”，不同的含量对他产生不同的影响，表现出不一样的行为特征。教育男孩，必得先了解孩子，心理重要，生理同样重要，知道问题的根源，对男孩多一份宽容，并对症下药，才能取得良好的效果。

第三节 父母的性格和言行举止对男孩的影响

经常听到一句话，什么样的父母就养什么样的孩子。孩子最初接触的人是父母，所以每个孩子的交往和处事方式都会受到父母的影响，这些决定了他一生的命运。研究表明，父母性格的好坏，对孩子的情绪管理能力有极大的影响。性格暴躁的父母，养出的孩子一般情绪容易激动；性格温和的父母，养出的孩子情绪比较平稳。而一个人能否控制好情绪，关系到婚姻和事业上的成败，对他的一生都有巨大的影响。

妈妈，请学会放手，让男孩走自己的路

对孩子放手，对于现在的父母来说似乎是一件很难的事情，他们认为自己给孩子安排的道路才是正确的，他们希望孩子都能够按照自己的意愿去走，但是大多数的家长们却忽略了孩子们的感受，因此学会让孩子走自己的路很重要！在陪伴孩子成长的路上，父母师长很需要“放开”自己的手，让孩子走出属于自己的路，孩子们才能自发地迈向我们所期待的美好蓝图。

放下焦虑感

当男孩在各项活动上比其他同龄的孩子慢、功课也比较落后时，做父母的尤其是母亲，往往会担心、害怕，怕他跟不上老师的教学进度；怕他在班上没有竞争力；怕考试考不好；怕影响将来的升学和前途……如果父母有这些害怕，那么就会失去平静的心，容易慌张、焦虑，从而促使自己更加严格地督促孩子。

母亲要充分了解自家男孩的状况，不要逼迫男孩学习。很多时候，男孩并不是不会学、不愿学，或许他只是还没到时候。如果孩子对学习能保有持续的兴趣，也能接受各样知识的启发，那么当他累积到一个适当的时间，所有已经学会的东西就会串连起来。好像建设高速公路，建造过程看起来虽然是断断续续的，而且时常需要在路口放上“此路不通”的告示牌，然而一旦建好，路与路相连后，就会四通八达，去哪儿都不是问题了。父母不要让这种不安成为孩子学习中的压力，很多时候孩子更需要的是耐心陪伴、温柔引导，他总有一天会开窍的。

放下优越感

在孩子的成长过程中，难免会碰到很多障碍和困难。当遇到这些关卡时，人生经验丰富的父母，往往很快就有了答案，然后迫不及待地告诉孩子，让他们遵从并立刻去解决问题。这样做让孩子失去了思考的机会，对孩子来说其实是种剥夺——

剥夺他培养解决问题的能力，剥夺他学习做决定的能力。但是很多父母都没有意识到这个问题。

其实，当孩子遇到问题想退缩的时候，父母可以尝试让孩子自己想想办法，如果还能继续下去就继续，如果不能继续了，万不得已就退出。孩子会自己思考很多方法，甚至会比父母的想法更适合他，也更有用。父母不可轻视孩子的潜力，当他们思考如何面对困境时，不但有机会解决当下的问题，还增强了他们突破困境的能力、提升了自信心，建构“我是一个有能力的人”的正面自我形象。

当孩子提出他的困难时，我们要学会放下“我过的桥比你走的路都多”“我吃的盐比你吃的饭都多”这种倚老卖老的优越感，他们需要的不是更多的告诫、教导，而是被了解、被同理，得到内心支持的力量，然后擦干眼泪继续向前进。只要给他们机会，孩子终究可以成为解决自己问题的专家。

父母梦想教养出什么样的孩子呢？在迈向目标的过程中，学习放下自己主观的感受和过去的经验——看看孩子、听听孩子，也许“向孩子学习”正是父母实现梦想的第一步。

爸爸，请培养男孩的男子汉气概

经常听到有人说“现在的男孩子怎么一点都不像男孩子，一点男子气概都没有”。这可不是简单的小问题，这涉及孩子的性别认同问题，跟父亲在育儿中的参与情况息息相关。

孩子3～4岁便开始有了性别分化，就是男孩开始意识到“我是男孩子”。意识到“我是男孩子”的标志是什么？就是他发现，自己的身体结构跟女孩不一样。有了性别分化以后，就给了父母进行性别教育的一个很好的契机。爸爸妈妈此时就要开始让孩子学会保护自己的这种性别意识。

而要想把家里的男孩，养成小小男子汉，真正获得本该属于他们的力量、自信和责任感，爸爸们起着非常关键的作用。

夫妻关系中，爸爸的位置不能缺

妈妈一手包办孩子成长的原因大概有两个：一是妈妈太强势，爸爸被迫“弱化”；二是妈妈不得已为之，因为爸爸很少有时间参与到男孩的成长中来。其实，爸爸参与孩子成长，并不意味着一定要天天和儿子黏在一起。爸爸们首先要做的，是要和妈妈保持一种和谐的夫妻关系。千万不要低估孩子的观察和学习能力。他们能够看得清清楚楚，自己的爸爸和妈妈分别在家庭中扮演怎样的角色。只要爸爸妈妈之间的关系是和谐、健康的，孩子就能在日常生活的观察学习中，了解到两性之间的差异性，最终建立起正确的两性相处模式。当然他也会清晰地认识到他自己到底应该是谁，能做什么，该做什么等等。

父子关系中，爸爸一定要在

如果在家庭中，妈妈一直都属于“包总管”，什么都一手包办，那么请一定要给爸爸在教养孩子过程中留有一席之地。妈妈不要把所有时间都给孩子，要给爸爸留一点时间，让他专门跟孩子一起相处。有时候，妈妈甚至需要创造一些机会给爸爸和家里的男孩单独相处。比如，今天咱们去哪玩，爸爸带着你先去，妈妈一会儿就到。实际上，这就是在给爸爸创造机会。爸爸就可以跟孩子单独玩一会儿。在这宝贵的父子单独相处时光中，尤其建议爸爸带孩子去做一项运动，一项爸爸自己也喜欢或擅长的运动最好。

爸爸陪孩子玩时，要点是什么？爸爸要做的，就是做好你自己，展现男性的胸怀和力量，展现那种“特别敢于让孩子去冒险，但是又有保护性地让孩子去冒险”的态度。一般当小孩从很高的滑梯滑下来，很多时候妈妈会紧张，担心摔着了。但是爸爸可能就会说：“来，宝贝咱们换个姿势，不一定要坐着下去，咱们可以趴着下去，还可以倒着下去，爸爸在下面接着你……”种种这类尝试，会让孩子感受到：游戏的挑战，是可以给他带去兴奋和快乐的。爸爸经常带孩子做一些开放性的游戏，可以让孩子受到潜移默化的影响，真正明白：作为一个男孩，就是要表现得更勇敢。若只是妈妈跟他“说”勇敢一点，但又总是不让他尝试更多的挑战项目，孩子就永远都不能真正变得勇敢起来。

爸爸要做好男性的榜样和示范

爸爸在整个过程中，一定要做好榜样和示范作用。如果爸爸自己对什么事情都特别胆小、害怕，前怕狼后怕虎，总是说“不要这样吧”“别去了吧”……这些话容易在孩子的脑海中形成一个固定的印象，就是：自己在遇到新鲜事物的时候，爸爸就会说“不要这样了”。既然爸爸都不这样，为什么我非得这样呢。

接纳小男孩的脆弱

爸爸们在参与养育孩子的过程中，也许会发现，这小子怎么这么缺乏男子汉气概呢？爱哭、胆小……尤其在爸爸陪孩子玩的时候，玩着玩着孩子就哭了，孩子哭着哭着，爸爸就坚持不下去了。其实，男孩虽然内心有一种证明自己男子汉气概的渴望，但在很多时候也会表现出软弱。这个时候，请爸爸们接纳这样的孩子，不要试图说教或者训斥。给孩子情感上的支持，待孩子的情绪平复下来，再展示给孩子应该如何做，孩子去尝试时，注意观察，问他需不需要帮助，这就足够了。若爸爸严厉或嫌弃地说“你是男孩子，不能随便掉眼泪！”或者“你怎么这么胆小！”孩子要么感受到压抑，不能以更好的情绪状态参与到下一步的探索中，要么就是感受到父亲对自己的不认可，不能更好地去发展男性化特征。

别把“大吼大叫”当成家常便饭

在现实生活中，我们常常看到一些这样的父母，他们教育孩子的时候很容易束手无策，控制不住自己的情绪时会对孩子大吼大叫。当孩子学东西不认真的时候，注意力不集中的时候，父母总是会努力控制自己，但是最终还是会喊出来。

也许父母想通过提高声音的分贝来达到让孩子听话、懂事甚至服从的愿望，但往往事与愿违，其结果是我们的“大嗓门”破坏了和孩子的亲子关系。更严重的后果是，当父母因为某种原因心情糟糕时（比如由于工作心烦或夫妻闹别扭等），往往会情绪失控，将不好的情绪发泄在孩子身上，对孩子进行非常严厉的惩罚。这时，家庭的平静就被一件生活琐事彻底击破。

孩子不听父母的话，惹父母生气是一件很正常的事情，这通常是不可避免的，但是为人父母绝不能养成经常对孩子发脾气的习惯，如果孩子从小生长在经常被大吼大叫，甚至经常挨揍的环境中，势必对他日后的成长造成很大的伤害。

一个孩子因学习、做事经常不符合父母的标准而受到父母的大声斥骂、埋怨，经常听到父母冲他大声喊叫，就容易产生一些不愉快的情绪，而这些不愉快的情绪会影响孩子的身心发展。一个人一生中最早受到的教育来自家庭，来自父母对孩子的早期教育和影响。

据调查研究，如果父母每天对孩子又吼又叫，孩子很少有不受到伤害的，如果一个月或一个星期只有一次对孩子发脾气，伤害就会减少许多，所以，父母对孩子发脾气的频率不能太密集。

控制情绪，孩子不是你的“出气筒”

每个家庭都会有这样那样的难处和纠纷，但是家庭的纠纷不应该由孩子来承担，假如每一个家庭都把纠纷转移到孩子身上，这对孩子很不公平，也会让孩子面临着危险和伤害。不少父母很情绪化，心情好的时候，对孩子和蔼又耐心，一旦心情不好就对孩子轻则大声呵斥，重则动手就打。社会竞争压力大，父母们要面对工作的压力、复杂的人际关系，有时候还要面对夫妻间的矛盾，有很多烦恼无处发泄，这时弱小而又缺乏反抗力的孩子很容易成为不理智父母的“出气筒”。如果父母总是把孩子当作自己的“出气筒”，那么负面影响很有可能伴随孩子的一生，他们长大后常表现出暴力倾向，缺乏责任感，喜欢推卸责任，等等。作为成年人，控制自己的情绪，避免因为情绪给孩子带来“语言暴力”，避免让孩子成为“出气筒”，是每位家长应该修习的课程。

孩子是最无力保护自己的人了，因此，他们需要爸爸妈妈的呵护和照顾。成年人的问题需要成年人自己来解决，不应该把孩子当作“出气筒”。每个孩子都是父母爱情的结晶，但他们同时也是家里比较弱势的群体，如果父母总是把孩子当作家庭纠纷的牺牲品，那只能说明这样的父母也不够称职，缺乏解决问题的能力。

使用正念疗法

人的心情总是有高低起伏，当负面情绪来袭，如果我们把它强压下去，让自己立刻冷静下来，结果只会适得其反，反而让自己的情绪更加失控。心理学有一个概念，叫正念疗法，就是通过自我感知内心的情绪，不做批判，关注当下，从而达到平复心情的目的。

①父母面对负面情绪时，静下心来，把自己的感受写在纸上，不要否定自己的情绪，而是接纳自己的所有负面情绪，这样我们会感觉到暴躁的情绪开始慢慢稳定下来。

②人在生气的时候，往往会口不择言，结果只会让父母和孩子的矛盾更加激化。此时，父母不妨给自己和孩子3分钟，这样能缓解双方激动的情绪。这3分钟里，我们集中注意力进行浅浅的呼吸，当注意力分散时，我们深呼吸，重新专注于呼吸上，当我们全身心地把注意力维持到3分钟，没有走神，这时候，我们会发现负面情绪在慢慢消失。

③不要让负面情绪过度累积。人的负面情绪就像杯子里的水，水越来越多，最终会溢出。负面情绪越来越多，超过了人心理能容忍的限度，也就是心理学所说的“阈值”，那么情绪就会一下子爆发出来，所以我们需要在不良情绪到达顶峰之前，先把坏情绪给宣泄出来，我们可以通过听音乐或者看书，让内心恢复平静。

④父母在教育孩子的时候，如果发现自己情绪过于激动，可以暂时离开孩子，等情绪稳定后，再继续跟孩子对话。

一个人不应该做自己情绪的奴隶，而要反过来控制情绪。孩子的教育绝非一朝一夕就能完成，在教育孩子的漫漫长路上，父母需要做自己情绪的主人。孩子需要的是冷静自持的父母，而不是动辄打骂、大吼大叫的施虐者，既然孩子选择了我们，那我们就有责任善待孩子，让孩子在快乐中健康的成长。

学会尊重孩子的隐私

说到“隐私”，大多数父母都觉得这是大人才有的“特权”，与孩子是不相干的。事实上，孩子也有隐私权，成年人应该对孩子的隐私进行尊重和保护。随着孩子慢慢长大，他们的生活领域、知识和情感都开始丰富起来，自我意识在不断增强，原先无所顾忌敞开的心门也随之逐渐关闭起来。如果父母丝毫不在意孩子的隐私，极易引起孩子的反感，且影响自己与孩子之间的关系。

从婴幼儿时期开始，孩子就有了自己的隐私，但此时，他们还比较依赖父母；少年时期的孩子可能还是将父母当作学习、模仿的榜样；进入青春期以后，孩子便出现了成人意识，接触社会和人生的范围更广，自主意识也逐渐增强。在这整个过程中，孩子的隐私内容慢慢增多，范围也逐渐扩大。为了保护自己的隐私权，孩子们想出了各种招数：在网上写日记，短信看完就删掉，用网络聊天代替打电话……其实，孩子对父母刻意保持距离和对隐私有越来越强的渴望，是孩子传递信息的一种方式，意思就是："我属于自己，父母没必要知道我的所有，我正在发现自我，我不需要父母的监视。"这是属于孩子的正常心里渴望。

此时，聪明的父母应该学会做孩子的知心朋友，主动给他们的日记本上把锁。让他对你产生信任感，觉得自己被尊重了，也就有了自信心，会主动和你分享他的"隐私"。

要知道，孩子虽小，但不代表没有自己的秘密，没有自己的心灵空间。一些在我们看来极为平常的事物，也许正是孩子的隐私所在，是他的某种精神寄托。他不愿意与父母分享，也不轻易展示于人，更不允许别人对它评头论足，他把它们看得极为珍贵。

比如，男孩从路上捡来的一块石头，他会小心翼翼地把它放到一个隐蔽的地方。偶尔掀开看看，露出会心的微笑。我们是探不进他的内心世界的，也无法得知这块石头对他来说代表什么，是梦想抑或憧憬？但我们知道这是他的一个秘密，已足够了。也有一些同学、朋友送他的小礼物，虽然那些小礼物在我们看来是那么微不足道，但在孩子幼小的心里却比“泰山”还重。他会把它们一一摆好，不允许父母来触碰它们。也许父母还会发现孩子始终珍藏着那么一张试卷或一张纸条，请不要轻易去问他。因为这上面也许记载着孩子的伤心或喜悦，也许对孩子来说是一剂“止痛膏”或“奋进剂”；也许浸透了浓浓的师生情或深厚的同学情谊。

在生活中，父母应该仔细观察与留意，总能从孩子的神情上窥探一二。凡是属于孩子“隐私”范畴的，最好不要轻易去触碰，更不能肆意品评，以免引起不必要的矛盾。尊重孩子，请从尊重他们的心灵开始。

第二章

父母不吼不叫，培养出色男孩必须掌握的教育法则

智商、情商、财商是决定一个人格局的三个综合要素，其中任意两个要素比较突出的话，这个人一生发展都不会太差，如果能三个要素均衡发展，则能收获大格局，未来将会获得更大的成功。本章着重从男孩的生活和学习习惯入手，注重培养男孩的良好品格，提升男孩的智商、情商、财商等，让男孩顺利健康成长。

第一节 良好的生活习惯，是培养出色男孩的基础

孩子对世界和生活的认知主要来源于父母，而且生活习惯一旦养成就不容易再改变。习惯的好坏影响一个人的一生，良好的生活习惯要从小养成。品德高尚的人，一定是具有良好行为习惯的人；成绩优秀的学生，一定具有良好的学习习惯和生活习惯。良好的习惯一旦培养成功，用不着借助记忆就很容易发挥作用。因此，父母要想把自己的孩子培养成才，就必须从培养孩子的良好习惯入手，并持之以恒。

穿着得体，干净整洁，为男孩增添魅力

很多时候我们对别人的判断，仅仅依赖对方的穿着，即便对方只是一个小孩子。孩子当然希望身边的人能欢迎自己，关注自己，喜欢自己。他们也许不会表达，但是他们也喜欢打扮得体一些，优雅一些。如果让孩子邋里邋遢，这可不能怪孩子，那是父母的责任。《弟子规》里有句话说：“衣贵洁，不贵华，上循分，下称家。”意思是说，我们穿的衣服不需要多么昂贵，但要一定符合自己的身份。孩子穿衣服不必一味追求名牌、价位和时尚度，而是力求能让孩子建立良好的审美，赢得

自信。穿了合适的衣服，才可以让孩子保持舒适的状态，充满自信，还能帮助孩子顺利建立自己的社会角色，获得别人的认可，更好地认清自我，并为他们带来更多的机会。

父母给孩子穿衣服还真是门学问，不注意的话可能会让孩子自卑、没自信，过分注意又可能会助长孩子的“外表主义”。一段由联合国儿童基金会拍摄的公益视频，内容是让6岁的小女孩Anano（阿纳诺）在广场和餐厅分别扮演一个穿着干净整洁的小姑娘和一个衣衫褴褛、满脸灰尘的小姑娘，以此来观察路人对她的态度和反应。当Anano穿着漂亮干净的衣服时，无论她走到哪里都会得到大家的关注，主动询问并向她提供帮助。可是当Anano穿着破烂的脏衣服时，大家都对她避之若浼，甚至还让服务员把她赶出去。这段视频最后因为Anano情绪实在太过低落，只能被迫结束拍摄，她十分伤心地哭着告诉拍摄者：“因为我脸上都是灰，我的衣服很脏，他们都叫我走开，我实在忍不住流眼泪……”

穿着破烂的孩子，站在光鲜亮丽的人群中，看上去只有可怜和无助。而穿着得体大方的孩子，却能通过他们的精神面貌传递出一个信息：我是有人关心、有人爱的孩子，我的父母对我很负责任，同时也很用心地教我为人处世和社交礼仪，我有良好的教养，跟我沟通你可以很安心。我们无法改变孩子的容貌，却能通过合适的打扮，给孩子一张不被怜悯的脸。

所谓合适的打扮，不用满身名牌，也无需贵重的饰物，而是在给孩子穿得干净得体的前提下，尽量让孩子的穿着更加有色彩感和审美情趣。这不仅能够让孩子更加自信，而且当孩子以一种整洁得体的形象出现时，就是给了他一张赢得被他人亲近和认可机会的名片。

那么父母如何通过穿衣打扮来培养孩子的审美，为孩子增添魅力呢？

为孩子选择合适的衣服

孩子在生命的最初时，对审美是没有概念的，但他会本能地追求舒适与漂亮。父母在选择衣服的时候可以尽量选择质地好、色彩柔和的纯色系衣服，这就形成了孩子对色彩的基本审美；同时，父母也可以让孩子玩儿给玩偶搭配衣服的游戏，逐步培养孩子对衣服色彩的敏感和喜好。孩子3岁后，性别意识开始逐渐建立，父母可以按孩子的性格与性别提供合适的衣服来强化。比如给男孩穿上漂亮的衬衣西裤，让他们站在镜子前，夸他们很帅气；比如让女孩穿上漂亮的裙子，让她们快乐地转圈，夸她们像公主一样。

尊重孩子的选择

等孩子有了自己的审美意识之后，父母应该学会尊重他们的选择。只要条件允许，就得在舒适和简洁的前提下，适当地引导孩子有自己的色彩感和审美情趣。如果父母本身对于衣着打扮没有太多经验，建议可以找一些简约又舒适的衣服品牌，多带孩子去试穿几套，慢慢就会找到感觉。

总之，对孩子进行美育也好，追求生活品位也罢，不要觉得穿衣搭配里的美学是离寻常家庭特别遥远的事情。身为父母，我们认真工作、努力赚钱，竭尽全力帮孩子成为优秀的人，就是希望他们将来能够向幸福而美好的生活更近一步，这一切完全可以从为孩子准备一套舒适又得体的衣服开始，这是每一位父母都可以做到的事情。

让男孩养成礼貌的好习惯

礼貌地与人相处，在尊重别人的同时，也获得了他人的尊重，是一种人与人相处的道德规范。人与人之间互相观察和了解，一般都是从礼仪开始的。想让孩子成为一个有教养的人，必须要让孩子从小就养成讲究礼貌的习惯，这样，孩子在今后的生活中才能被认可、被接受。文明礼仪要从小培养，形成良好的习惯。

给孩子创造一个礼貌的环境

在家庭生活中，父母要处处做到讲究礼貌，给孩子做好榜样，处处注意讲文明，互敬互爱，尊老爱幼，创造一个文明、礼貌的家庭环境。孩子生活在这样一个环境当中，自然而然会受到父母的影响，慢慢地也会养成讲礼貌的习惯。

教给孩子使用礼貌用语

教给孩子使用礼貌用语，是让孩子讲礼貌的重要环节。比如说，让孩子见到长辈要学会问好：“爷爷好，奶奶好！”在孩子寻求帮忙的时候，要说“请”字，得到别人的帮助后，要向别人说“谢谢”，还要让孩子学会使用“对不起”“没关系”“别客气”等礼貌用语。将文明礼貌用语的训练和文明礼貌行为的培养有机地结合起来，是培养孩子讲文明、懂礼貌的良好习惯的一个非常重要的途径。

让孩子在日常生活中养成讲礼貌的习惯

例如，在吃饭时，让孩子等所有人都到了才可以开始吃饭，在吃饭的时候不能随便动别人的餐具；在接受别人的礼物时，要学会向别人道谢；当踩到别人或者碰到别人的时候要学会跟

人家道歉；当自己外出或从外面回来时，要跟家里的人打招呼；和别的小朋友一起玩时要友好和谦让；在别人家玩耍时要懂规矩，不乱翻、乱拿别人的东西；等等。

对于不礼貌的行为及时纠正

不要因为是童言稚语就一笑了之。对于不当行为一定要严肃地多强调几次。要学会巧妙地讲道理并纠正孩子的不当行为。比如小孩子摘花时，你可以说花会很疼之类的道理来纠正其行为，这样小孩子会很容易听懂并接受。

要适时表扬

对于孩子有礼貌的行为要高调表扬，这样可以充分增加孩子的自信心。因为只有表扬和夸奖才能让孩子体会到有礼貌的孩子大人喜欢，有礼貌的孩子会有很多朋友。所以带孩子外出参加聚会等活动时要适时地给予孩子这方面的表扬和鼓励，从而让孩子体会到其中的快乐。用这种方式来培养孩子懂礼貌的习惯，也间接地培养了孩子自信、开朗和活泼的性格。

不要强迫孩子

不要认为孩子小，就能够被父母掌握在手里，其实他们有自己的个性，甚至有些叛逆。很多父母在孩子没有礼貌的时候就强迫孩子，比如有客人来家里，孩子躲着不肯与人打招呼时，父母就拉着孩子，拼命地让孩子向客人问好，结果会以孩子大哭而告终。这样做非但达不到目的，还会产生反作用，所以应针对孩子的心理特点和性格特点因势利导。如孩子不肯与人问好时，可采用事后交谈的方式，心平气和地讲解一些作为小主人待人接物的道理，从而避免孩子产生逆反心理。

父母应该抱着宽容、耐心、随和的态度对待孩子，要尊重孩子，多给孩子一些空间和时间学习，让他们快乐健康地成长。

良好的睡眠习惯很重要

父母要有意识地去培养孩子良好的睡眠习惯，让孩子独立安然入睡。孩子出生4个月以后，一旦形成不良的睡眠习惯，再想纠正就十分困难了。

帮助婴幼儿建立睡眠的作息规律

婴儿早期很多良好的行为习惯都是通过建立条件反射的方式形成的。孩子定时上床、准时起床的好习惯同样是运用了这一方式。当小婴儿2～3个月时，父母可以配合孩子的生长特点和生活习惯，帮助他逐渐建立良好的睡眠规律。每当孩子到了要睡觉的时候，让孩子躺在床上进行哄睡。父母可以采取一些固定活动，如每次临睡前洗浴、换睡衣、换上干爽的纸尿裤或让孩子听同一首安眠曲或者讲同一个故事，或者父母做同一个动作——亲吻他、拍他等，直至孩子入睡。每天父母都采取这样固定的哄睡模式，经过一段时间，只要做这些事情，孩子就知道该入睡了，就能够养成自行入睡的习惯，即建立了良好的睡眠条件反射。

需要注意的是，越小的孩子建立这种条件反射需要的时间越长，家长要有耐心。如果家长采取了抱着、摇着、吃着奶哄睡的模式，时间长了建立的条件反射就是必须抱着、摇着或者吃着奶才能入睡的习惯，以后再想纠正就十分困难了。

帮助婴幼儿分辨昼夜

室内光线要有明显的昼夜分别，日夜活动应该有明显的区别。白天小睡也不必挂上窗帘，不需要刻意制造安静环境；夜间睡眠则需要关着灯（可以用小夜灯），与白天小睡有所区别。

《生命时报》曾经报道，英国研究人员的最新研究指出，睡眠期间室内灯光会影响人体内分泌，尤其是可以改变褪黑素分泌，同时缩短体内褪黑素在夜间的持续作用。而褪黑素则可以影响人们的睡眠、体温调节、血压和血糖的稳定。研究结果显示，睡眠暴露于灯光之中的受试者，99%发生了不同程度的褪黑素分泌延迟，而褪黑素持续作用的时间也缩短约90分钟。这对于人们血糖的稳定是不利的，它会影响血糖稳定，不利于血糖控制。

孩子白天小睡的时间不要超过 4 小时

白天尽量多与孩子沟通交流，与他玩耍、说话，利用孩子清醒的时间进行早期教育。其实，早期教育在我们生活的时时、处处、事事中都可以进行。

临睡前不要让孩子太兴奋或太疲劳

孩子临睡前不要玩耍得过度兴奋，或者让孩子过于疲劳。这样会造成肾上腺素浓度增高对抗机体产生的疲劳，孩子会因为兴奋、易怒、急躁而难以入睡。夜间入睡前一定要换上渗水性强的干爽纸尿裤，防止婴幼儿因漏尿、尿湿或更换尿布而被打扰睡眠。

小床上不要放太多玩具

婴儿床是给孩子睡觉的地方，并不是玩耍的场所，有些父母为了好看，喜欢将婴儿床装饰得像个“游乐场”一样，里面摆满了大大小小的玩具，小床顶部还挂满了各式各样的小东西，孩子躺在里面，面对着这么多的玩具，怕是会去把玩这些东西，越玩越有精神，哪里还睡得着觉。父母要及时把过多的小玩具放到它们该呆的地方去，孩子床上一般只留一个他最喜欢的玩具陪伴他睡觉就可以了。

睡前进行亲子类互动游戏

很多孩子都是很难哄入睡的，父母们不妨在睡觉前陪孩子进行一些亲子类的互动游戏，既可以提升孩子的智力，又能消除孩子玩耍一天的疲劳感，让孩子在和父母互动的游戏中放松身体，使其更容易入睡。一般入睡前不适合玩难度太高的游戏，所以宝妈宝爸可以选择一些相对轻松的儿童玩具，最好是能两个人一起玩的。

纠正睡眠中的不良行为

尽量不改变孩子的睡姿，只要孩子自己睡得舒服，无论仰卧、俯卧都可以，孩子睡得舒适就不易惊醒，如果俯卧时间过长可帮他翻身改变睡姿。在睡眠中发现孩子蒙头睡、含奶头、咬被角、吮手指等现象时要及时矫正，以防养成不良习惯，以后更难入睡。

好好吃饭——让男孩养成健康的饮食习惯

婴幼儿时期，是孩子各种习惯养成的阶段，良好的饮食习惯不仅能使孩子不偏食，还能带动孩子的生活能力和学习能力，让孩子受益一生。只有良好的饮食习惯才能让孩子有一个健康的身体。而且让孩子在吃饭的时候养成集中注意力的习惯，对孩子以后做事集中注意力能起到引领的作用。孩子良好的饮食习惯是孩子学习习惯和生活习惯的开始，正确的引导对孩子各种习惯养成都会产生积极的作用。

吃饭定时定量

定时定量吃饭有利于食物有规律地消化和吸收，能促进人体对食物的利用，能预防消化功能紊乱。但实际生活中有不少父母，生怕孩子吃不饱，或者是出于让孩子能有更好的营养的考虑，从孩子开始会吃东西的时候，一会让孩子吃点鸡蛋，一会让孩子吃点面包，不停地想着法子让孩子吃，很容易让孩子的身体出现消化疾病，不利于孩子养成正常吃饭的习惯，更不利于孩子的发育。

让孩子细嚼慢咽

只有细嚼慢咽，充分嚼烂食物，才有利于减轻胃肠道的负担，增进食欲。但很多父母总是喜欢像大人一样要求孩子，不停地催促孩子，会让孩子的胃肠过劳，嚼不烂的食物不利于消化吸收，不停地催促还会让孩子对吃饭产生逆反心理。容易导致孩子在正餐时少吃，而在吃完饭以后又吃过多的零食。孩子的用餐时间要比大人长些为宜，不要一直唠叨，让孩子快吃。

不挑食、不偏食

各种食物，各类蔬菜，什么都能吃，这才是正确的饮食习惯。有时候孩子偏食其实是父母一手造成的，因为孩子喜欢吃什么、不喜欢吃什么父母是最清楚的，对于孩子喜欢吃的，可以多吃点，这是允许的，每个人都有自已口感和味道的喜好，对于孩子不喜欢的，父母不要到处说我家孩子不喜欢吃什么什么，这是造成孩子出现偏食的主要原因。孩子如果出现偏食，父母不要急，也不要当孩子面问孩子为什么不喜欢吃，而是隔几天再给孩子做他不喜欢的菜，注意观察并且鼓励，慢慢地孩子也就不再挑食了。

少吃零食

父母可以允许孩子吃零食，但要注意引导孩子少吃零食，对零食的过度喜好，会让孩子在正餐时不吃或少吃。也有的父母为了孩子的健康，不允许孩子食用任何零食，这也是不正确的做法，这将会影响孩子的味觉发展。允许并不等于放任，零食应少食才有利于孩子在餐桌上摄入合理的营养，尽量减少零食但不杜绝，这才是符合孩子饮食心理的行为。

吃饭时集中精力

不少孩子在吃饭的时候也离不开电视、手机或平板电脑，或

者有些家长认为看小人书有利于孩子的智育发展，于是就默认孩子在餐桌上看小人书。这些都不利于孩子养成良好的饮食习惯，也不利于孩子注意力的形成，应引起家长的重视。小细节才是孩子习惯形成的关键所在，要让孩子学会在餐桌上安静、专心、稳定用餐。

让孩子独立进食

让孩子独立进食不仅是好的饮食习惯，也是孩子独立能力培养的开始。有些父母为了孩子能多吃点东西，费尽一切力气；还有的跟在孩子后面，孩子边玩，父母边喂，这样不利于孩子养成良好的饮食习惯，更不利于孩子的成长和发育。从孩子1岁多的时候开始，父母就要有意识地让孩子养成独立用餐的习惯，以利于孩子各种良好习惯的形成。

不要诱孩子用餐或逼孩子用餐

诱孩子用餐在隔代养育里最常体现，不少爷爷、奶奶或者外公、外婆太爱孩子，生怕孩子吃不好或都没吃饱，于是就用条件引诱孩子用餐，这对孩子成长非常不利。逼孩子吃饭大都是父母带孩子时出现的情况，因为父母年轻一点，事情也多，生活也忙，最主要是没有足够的耐心，于是看到孩子吃饭时磨磨蹭蹭就开始威逼孩子，很容易造成孩子逆反心理，或者直接让孩子变得胆小怕事。这不仅不利于孩子养成良好的饮食习惯，更不利于孩子各种习惯的形成。

热爱劳动，让男孩做个勤奋少年

很多父母对孩子的保护已经过了头，甚至已经到了什么事情都要插手的地步。但孩子总有一天会长大离开家，父母必须从小就培养孩子的自理能力，让孩子爱劳动，这样才能让孩子以后更容易融入社会群体中。

劳动可以充实孩子的生活，让孩子在家里不会感觉无聊，不容易沉迷电子产品或者整天闹腾着要父母带出去玩；劳动是培养孩子动手动脑能力的一个好方法，很多劳动需要孩子开发智力想象如何去进行才可以做得更好；劳动能提高孩子的学习能力，让孩子可以在劳动中学习到经验，在取得进步或成功的时候，使自信心得到提高；劳动可以增强孩子的体质，通过劳动得到锻炼身体的机会，增强免疫力；劳动可以培养孩子的独立性，有助于孩子走出家门后自强自立的生活，让孩子在劳动中知道如何去照顾自己、照顾他人，这才是对孩子正确的教育和保护；劳动可以培养孩子的责任感以及养成吃苦耐劳的好品质，无论是对于生活、学习、家庭还是社会，责任感是很重要的，有责任感的人会比较受人欢迎和信任。

那么父母该如何培养孩子热爱劳动呢？

父母要成为热爱劳动的榜样

父母对劳动的态度会直接影响孩子。如果父母认为干家务活是令人讨厌的或降低身份的事，是因为没办法才不得不为之的，这种消极态度将会影响孩子。因此，做父母的首先要具有对劳动的尊重和自豪的感情，要培养孩子“劳动光荣”的意识，让孩子在劳动过程中拥有一种充实、幸福、愉悦的感觉。劳动给孩子带来了美好的体验，同时受父母的影响，孩子也就会喜欢上劳动。“劳动光荣，懒惰可耻”是孩子要从小铭记于心的信条。孩子要明白劳动是一切财富的来源，人的劳动是创造世界的活动。孩子认识到劳动的光荣、伟大，才会喜欢做个勤劳的人。

让孩子及早开始劳动，做力所能及的事情

孩子都有爱劳动的天性，在学会走路，手脚比较灵活之后，看见父母做什么就会凑上前帮忙。一个2岁的孩子能够替大人取拿和传送东西，甚至能够整理已洗好的衣服，借此可以教导孩子辨别颜色和形状。你可以把清理打扫变成游戏。4岁或5岁的孩子能了解简单的命令和替大人办点小事，而且还可以指望他（有时候）会自己收拾玩具、找衣服或端走自己的碗盘。7岁的孩子已经能担负一点家庭责任。

孩子刚开始学做事情的时候，可能会因为手脚还不能很好的协调，做起事情来很费力，有可能还会越做越糟，但父母不能因此而喝止孩子，也不能因为心疼孩子而限制孩子做事。父母应该对孩子做到耐心地引导，给孩子做示范或者与孩子一起把事情做好。第一件指派他们要做的事情，最好是他们能做得令人满意的事情，别急急忙忙地要孩子做他力所不及的事。给孩

子的新任务要有挑战性，但也必须能为他带来成就感，如果新任务令他做得沮丧泄气，他以后也许就不会再尝试了。

即便孩子不主动上前，父母也要吩咐孩子学着去做一些力所能及的事情，让孩子从自己穿衣、整理自己的玩具、收拾自己的日常用品等等做起，从易到难地教孩子学做一些家务劳动，这样不但能够培养孩子的动手能力，使孩子体会到父母的辛苦，而且还能使孩子养成热爱劳动的好习惯。

让孩子多分担家务劳动

孩子在幼儿期的好奇心和模仿力很强，这个时期的孩子对家务劳动充满了热情，父母要抓住时机，让孩子参与到家务活动中来，无论大小，让孩子在参与中体验到劳动的乐趣。父母别怕孩子干家务活慢、质量差，要给孩子劳动的机会。孩子的技能是在反复实践中提升的，父母多给予孩子鼓励，才能够激发孩子的劳动热情，让孩子乐于做家务。

同时父母要尽可能地让孩子在做家务活时觉得轻松愉快。孩子的劳动带有游戏的性质，孩子在劳动过程中常常是边玩边做的。如洗手帕时就玩肥皂，擦桌椅时就玩水，家长对此不要苛求。因为当劳动只成为纯粹的义务而无任何乐趣的话，是很难让孩子热爱劳动、坚持劳动的，这将不利于劳动情感的培养。

不要用利诱

孩子做完一件工作，最好的报酬就是给他一个微笑，拥抱他一下或者说一声“谢谢”。在孩子能听到的范围之内告诉别人你多么自豪，也是一种很好的报酬方式。事实上，孩子自己也会认识到，计划并完成一项工作，本身就是一种报酬。

父母需要注意的是，要孩子做家务的目的，并非只是要把繁琐的工作做好，或教孩子“如何去做”，厨房整洁的重要性，比不上培养幼儿的责任感、自立能力、自尊心、自信心和办事能力，因为这些都是健康情绪的基础。做家务也可帮孩子了解人必须合作和向着共同的目标努力。同时父母也不可让孩子做太多的工作，这样会妨碍他学习、身体生长发育和其他社交活动。学习怎样做事是重要的，但更重要的是从小培养良好的做事习惯和尊重劳动、自强自立的世界观。所以，让孩子做事，一定要适度。

第二节 注重品格塑造，培养男孩的优秀品格

别忽视对男孩良好品德的培养

在当前的幼儿教育中，人们比较重视文化素质的培养，而忽视品德方面的教育，使得一些幼儿缺乏爱心，独立性差，缺乏良好的行为习惯。如今，“品学兼优”“德才兼备”是选拔人才的标准，而品德始终是放在第一位。做人，德是立身之本。因此，从小就应该培养孩子的优秀品德。

父母的言行举止必须符合道德规范

正人先正己。父母在孩子面前说话做事首先要符合道德规范。父母的言行举止对孩子有着潜移默化的影响，要想将自己的孩子培养成才，就要严格要求自己，遵纪守法，从身边小事做起，给孩子做榜样，因为榜样的力量是无穷的。

不宜在孩子面前多议论社会的阴暗面

社会的阴暗面任何时候都会有，电影、电视剧都在诠释，不少父母习惯在茶余饭后，或一边看电视一边议论，这样对孩

子的影响是很不好的。不要说年纪小的孩子对社会阴暗面还没有判断能力，就算是读初高中的孩子，长期被父母渲染社会的丑恶现象也会对他们的心灵造成伤害，让他们觉得这个社会是多么的不好，多么的不可信任，难免会使他们的思想品德形成认知性错误。因此，父母在孩子面前，还是少说社会的丑恶现象，多宣扬好人好事，让孩子沐浴着正能量的雨露阳光健康成长。

父母要负起管教孩子的职责

父母是孩子的最好的老师。现在很多年轻的父母们往往把孩子交给家里的老人来带，却忽略了自身有更重要的管教责任。父母就算再忙，管教孩子的事不能忘。要时刻关注孩子的言行举止变化，要经常和老师联系，了解孩子在学校的学习和交友情况。经常与孩子交流沟通，化解孩子成长的困惑。

做父母的本身既要努力工作，又要经常学习，用自己的实际行动影响孩子。从小到大，孩子和父母在一起的时间是最长的，一天两天不算什么，但父母几年、十几年的习惯行为便会变成对孩子的一种心理暗示，使孩子在不知不觉中模仿父母的言行举止。如果父母有不良的习惯，便会在一天天的生活中给孩子以影响。有些父母明知自己的某些习惯不对，但又管不住，总对孩子说“别学我”，但这已经给孩子的心灵种下了一颗恶果，并不是自己几句“不许学”就可以抹杀掉的。

为了孩子的健康成长，作为父母要约束自己的言行举止。带头遵纪守法，诚实守信，正直善良，为孩子做出榜样，从而起到潜化默化的作用，让孩子形成良好的思想品德，做个对社会有益的人。

坚韧不拔，男孩获得成功的基础

现在的父母给予男孩太多的宠爱，却忽视对孩子的性格、品格方面的培养，造成孩子缺乏坚韧的品格而变得懦弱。一个没有坚强品格的孩子是不可能在这个社会站稳脚跟的。待孩子长大之后，他很可能就成了一个软弱的人，面对困境只懂得逃避、放弃。如果要等他进入社会再来补上一课，那么他付出的代价将会更大。研究发现，那些性格软弱、耐性差的人，最容易产生自杀的念头。为了避免类似的惨案，父母要让孩子懂得：在人生的战场上，我们不但要有跌倒之后再爬起的毅力，还要有拾起武器再战的勇气，绝不允许自己软弱地逃避或者倒下，在面对挫折时要永不放弃！

当然，坚强的品格不是男孩与生俱来的，而是在父母后天的培养中逐渐形成的。因此，父母必须帮助孩子炼成钢铁般的意志。

狠心培养男孩坚强的品格

那些性格比较软弱的男孩遇事往往优柔寡断，碰到困难不能坚持，承受挫折的能力差，一旦有暂时解决不了的问题，就只想到退缩和逃避。对于这样的孩子父母就必须狠下心，绝不要因为他的苦恼而放弃原则。孩子只有拥有坚强的品质，才能够在跌倒后咬紧牙继续前进，直到取得最后的胜利。因此，父母在培养孩子的意志力的时候要狠心一点，不经历风雨的洗礼，他又怎么能见到彩虹呢？

在挫折中有意识地磨炼孩子

坚强的品格特征不是一朝一夕就可以形成的，需要从一点一滴做起，循序渐进、持之以恒。比如，孩子跌倒了让他自己爬起来，而不是伸手去扶。在孩子上了小学接送他几次之后，就要告诉他，爸爸和妈妈工作都很忙，你应该自己学着坐校车回家了等等。只有让他明白，遇到问题，只有依靠自己的力量才能得到顺利解决，这样他才能不断锤炼自己的内心。

让孩子离开自己生活一段时间

很多孩子之所以不够坚强，就在于没有机会去磨炼，他们身边总有可以依赖的人，有什么事情，总是先想到向爸爸妈妈或者爷爷奶奶求助。鉴于此，可以在合适的时机让孩子离开父母生活一阵。

挫折是锻炼坚强孩子的最好教材，在人生的道路上，只有那些坚强的孩子才能从容面对不期而至的磨难，谱写出精彩的人生乐章。

乐观向上，让男孩一生充满阳光

让孩子保持乐观的心态，微笑面对生活是很重要的，一个乐观开朗的孩子不仅更为健康，在实际生活中，孩子的幸福感也更强，事业也更容易取得成功，因此父母培养孩子树立一个健康乐观的心态是很有必要的。

如同性格的其他特征一样，乐观会受到遗传因素的影响，也会受到家庭环境、学校教育、社会现实和经历事件的影响。这些因素的综合影响会表现为一种解释风格，从而影响孩子性格的悲观与乐观。那么，父母要如何教孩子形成乐观的解释风格，保持积极向上的乐观态度呢？

父母要乐观

父母对孩子具有潜移默化的影响，是孩子的榜样，如果自己都是悲观的，又如何教孩子乐观呢？父母要分析自己的解释风格，看看自己在遇到一件满意的或不满意的事件时，会有怎样的想法。满意的事件是否与自己的努力有关，不满意的事件是否还有别的原因，且这种事件是否可以改变。如果自己不是乐观的解释风格，那么，就要着手改变。无论面对任何结果，都有意识地用乐观的解释风格来调整自己的想法。父母应该给孩子树立一个良好的榜样，热情待客、真情待人，培养一种与人融洽相处的气氛。

父母要告诉孩子凡事没有绝对完美，不应对一切过于挑剔，社会不会按照某一个人的思想运转，凡事过于挑剔，有可能钻进“死牛角”的境地，从而对一切不完美的人和事难以释怀。凡事要从乐观的方向去想，当事情的发展已成定局时，我们要创造条件，尽可能的朝好的方向发展，这样我们才有前进的动力。当孩子在生活或学习中暂时遇到挫折，要告诉孩子勇于面对，再从中慢慢找出解决问题的办法，而不要一味的自暴自弃，难以从“暂时失败”的阴影中走出来。

养成乐观的解释风格

2～3岁的孩子，希望体验更多的自主性，父母要在保障安全的前提下，给孩子提供更多的机会、更广阔的空间，让孩子验证自己的行为能力，体验更多的掌控感，会增加孩子的喜悦感和成就感。一般情况下，孩子在6岁以前，还没有自动思考和表达自身思维的能力，但他们能够留意并吸纳父母的解释风格，会被动地吸收父母的风格。

6岁之后，帮助孩子把良好结果和自己的努力联系起来，表达对孩子赞赏，孩子通过大人的描述，知道了自己行为的能力，并能明白自己努力会带来好的结果。接下来，还可以把行为定义成为一种能力或特质，引导他们更有信心去尝试新的事物，更乐观地看待不好的结果。而在批评孩子的时候，即使是孩子个人原因造成的不当后果，也要强调行为的暂时性和特定性。避免对孩子说“你总是”“你就是”这样的字眼。当我们必须对孩子的行为做出限制时，尽可能给孩子提供选择的机会，如“是穿A裤子，还是穿B裤子？”“是先做数学作业，还是先做语文作业？”。

和孩子一起面对

父母要选择和孩子一起面对事件，一同分析积极行为与良好结果的关系。积极的行为，不仅是孩子自己的行为，还是孩子从父母那里得到的帮助，或者其他外部资源的支持。我们要教会孩子乐观，就是要让孩子正确认识自己，能从不好的情绪中脱离出来，能找到正确的方法让自己达到目标。如果孩子特别自责，认为失败都是自己的原因造成的，这时就要和孩子一道探讨事件发生的各种原因。一旦孩子了解到更多的原因，就能更好地解决问题。其实，和孩子一起找可能存在的问题，不仅适用悲观的状态，也适用于过于盲目乐观的状态。对于孩子全面分析和认识事物的思维能力是有帮助的。

宽容大度，男孩的心胸能“海纳百川”

宽容是一种理解和体谅别人的做法。在生活中，面对一个小小的过失，常常一个淡淡的微笑，一句轻轻的歉语，便会获得包涵谅解，这就是宽容；在人的一生中，常常因一件小事、一句不经意的话，使人不理解或不被信任，但不苛求他人，以律人之心律己，以恕己之心恕人，这也是宽容。所谓“己所不欲，勿施于人”，也是寓理于此。

宽容的人能够对别人不同的看法、思想、言论、行为都加以理解和尊重。他们不轻易把自己认为“正确”或者“错误”的东西强加给别人。他们也有不同意别人的观点或者做法的时候，但是他们会尊重别人的选择。所以，父母们在日常生活中就应该注意要培养孩子宽容、理解别人，告诉他们每个人都有自己的想法，都有自己的情况，不能把自己认为是对的强加给自己的伙伴们，不能以自我为中心，要求小伙伴按自己说的去做。

不要因为朋友对自己做了一点错事，就去怨恨，就去报复。当我们受到无辜伤害时，总是会有一颗报复的心。但是，报复却并不能给我们带来快乐。现代科学揭示，宽容有利于一个人的健康长寿。美国密歇根州立大学的研究人员进行的一项研究发现，当人们想要报复他人时，血压会明显上升；而在宽容他人时，血压则显著下降。因此，作为父母，一定要培养孩子宽容他人的好习惯。

为孩子树立榜样

孩子的宽容之心最主要的来源就是父母。孩子最初是从父母那里学习待人接物的方式的。父母宽容大度，遇事不斤斤计较，与邻里、同事之间融洽相处，孩子就会学着父母的样子处理同学之间的关系，也会变得宽容、友善、乐于与人相处。

不仅如此，父母还要学会包容孩子，对孩子的某些行为，你可以不赞赏，但要做到接纳。尽管你不同意孩子的某些做法，但要先试着包容，并努力以示范来引导孩子学会包容，你的宽容能让孩子效仿。

教孩子善待他人

宽容意味着理解，不斤斤计较。父母们在日常生活中，要从具体事件入手，教育才可行、有效。要教育孩子不能只看到别人的短处，不能看不起别人，不要斤斤计较。比如说，当孩子抱怨："我的书，小明借了好多天了，都没有还我。"

父母可以这样回答："没关系的，他可能看书比较慢呀，对不对？上次他把篮球借你玩了那么久呢。你还有很多书可以看呢，别着急呀。"

当听到孩子抱怨："我太讨厌他了！"父母要适当地开导孩子："为什么呢？把你的想法说出来，咱们一起来分析一下。"

父母要教导孩子多看别人的优点，不要把别人的缺点牢记在心里，要宽容地对待别人才能获得别人的爱戴与敬重，才能赢得更多的朋友，才能很好地和别人沟通和交往，才能使人际关系协调。父母要让孩子明白，善待他人，也就是善待自己。对他人多一份理解和宽容，其实就是支持和帮助自己。

让孩子多与同伴交往

宽容之心是在交往活动中培养起来的。孩子只有与人交往，才会发现每个人都有这样或那样的缺点，都要犯或大或小的错误，而只有学会容忍别人的缺点和错误，才能与人正常交往、友好相处。也只有通过交往，孩子才能体会到宽容的意义，体验宽容带来的快乐。如称赞别人的优点，庆贺同伴的成功，帮助有困难的小朋友，采纳别人的合理建议等等。

父母要创造机会让孩子多接触同龄人，在交往中互相取长补短，提高人际交往能力及社会适应能力，养成良好的性格。在孩子与同伴交往的过程中，父母要特别注意引导孩子宽容比自己强的同伴、比自己“差”的同学和自己的竞争对手。比自己强的不嫉妒；比自己“差”的不嘲弄；不故意为难自己的竞争对手。让孩子向好同伴学习，帮助“差”同学，学会与竞争对手合作。

当然，宽容也不能丧失原则，姑息纵容，不能无限度的宽容别人。对小是小非、没有严重后果的个人冲突、无意的损伤等尽可能的不要计较，加以忍让与原谅。对影响友谊与集体荣誉，会造成较大损害或故意做出的破坏行为等，绝对不可容忍，更不可原谅。但要采取灵活的方式，诚恳的态度去加以批评、制止。切忌粗鲁直接，不注意场合、分寸，或言辞过激、盛气凌人。这样不利于纠正错误，反而会增加抵抗情绪，起相反的作用。教育孩子平时要多和自己的伙伴们聊天，知道对方在想些什么，让矛盾还没有激化就被消灭掉。

鼓励孩子纳新和应变

宽容不仅体现在对“人”的态度上，也表现在对“事”和“物”的态度上。父母要引导孩子见识多种事物，让孩子喜欢并乐于接受新事物，承受事物所发生的意想不到的变化，善于知变和应变。如让孩子了解各种奇观、奇迹，观察生活日新月异的变化，允许孩子独辟蹊径地解决问题。孩子一旦习惯于“纳新”和“应变”，他对世间的万事万物也就具备了宽容之心。

总之，宽容是健全人格的必备素质，只有学会宽容的孩子，才会懂得理解和尊重他人，才会有爱人之心，有容人之量，成为一个识大体、顾大局、受人欢迎的人。

拒绝谎言和编造，培养男孩诚实守信的根本

在日常生活中，我们经常会听到父母这样警告孩子：“如果你再撒谎，我就用针把你的嘴缝起来。”可是我们想想：如果孩子真的撒谎了，父母真会缝上他的嘴吗？显然，有时父母对孩子说的话本身就是不现实的，用这种方式来教导孩子不要撒谎是非常不可取的。

要纠正孩子的撒谎、不守信用的行为，父母首先要做到言行一致。孩子的模仿能力很强，很容易受到某种行为的暗示。如果父母言行不一，不履行承诺，孩子就会受到暗示，跟着模仿。例如，妈妈如果答应了孩子星期天带他到公园去玩，就一定要去。如果临时有事，也要先考虑事情重不重要，若不重要，就要坚守诺言；如果事情确实比较重要，一定要向孩子说明情况，并争取以后补上去公园的活动。

每个人行为的背后均有其动机。小孩子撒谎的原因通常有两点，第一是撒谎能让他得到自己想要的东西；第二是撒谎可以免受责罚，从而达到保护自己的目的。因此，面对孩子的谎言，父母不要太焦急，从而选择用暴力的方式制止孩子的撒谎行为，而是要想办法充分了解孩子谎话的种类和撒谎的原因，才能对症下药，从而对孩子做出正确的引导。

培养孩子诚信从点滴做起

培养孩子诚实守信的品质，家长既要有长期坚持的耐心，一

如既往的细心，又要能深深扎根渗透于日常生活的琐碎点滴中，贯穿家庭生活和亲子成长的全过程。家长应从小就要求孩子说真话，不说假话；做错事时勇于承认自己的错误并能及时改正；不拿别人的东西，借别人的东西要归还；做到言必信，行必果。针对社会上那种坑蒙拐骗的行为，父母要态度鲜明地进行批判，要让孩子坚信，这种弄虚作假的行为是必将受到惩罚的。这样，孩子长大以后才能成为一个光明磊落的人。总之，父母要从点滴做起，从小事做起，塑造孩子的诚实之心。

为孩子做诚实的榜样

父母要培养一个有责任心，以诚待人的孩子，就要以身作则，做诚实的表率。常言道："身教重于言教。"父母的行动对孩子来说是无声的语言，有形的榜样。为了培养孩子的诚实习惯，在日常生活中，父母对待孩子一定要诚信，不要说话不算话。因此，父母在向孩子许诺之前一定要三思，不能言而无信，答应孩子的事情，就一定要做到；如果不能兑现，应及时向孩子解释，向孩子道歉，并做自我批评，让孩子从内心理解和原谅父母，事后父母应设法兑现自己的承诺。如果父母言而无信，一而再再而三的食言，孩子会对父母产生不信任感，并认为说了话可以不算数，慢慢地，他们也会这么做。

营造诚恳、互信的家庭氛围

父母要做有心人，为孩子创造愉悦的、讲诚信的氛围，以感染孩子的心灵。特别是家庭成员之间应相互信任。孩子尽管年龄小，但他同样会体会到家长对他的尊重和信任。要知道从小受到尊重、信任的孩子，会更加懂得怎样去尊重、信任别人和怎样得到别人的信任。可以在一种轻松的环境中，告诉孩子说谎会有什么样的危害，告诫孩子说谎或许能让你一时蒙混过关，但迟早都会被他人发现事情的真相，等真相大白之后，不仅会让你处于一种尴尬的境地，还会失去老师、父母、同学、朋友对你的信任，久而久之，别人就不愿意再跟你接近了。这样的话，孩子便会在愉悦互信的氛围中受到启迪，讲诚信的意识也就会逐步培养起来。

满足孩子合理的需要

每个父母都希望自己的孩子诚实守信，不喜欢撒谎的孩子。但是，许多孩子却表现得不尽如人意。究其原因，大多是由于后天的某种需要引起的，比如为了满足吃的、玩的需要甚至是为了逃避受批评、受惩罚，这些都助长了孩子撒谎的恶习。父母应该认真分析孩子的需要，尽量满足其合理的部分。而满足孩子的时候，应该用孩子的眼光来看待事物。要分析孩子的需要，认真倾听孩子的心里话，而不要以成人的想法推测孩子的心理。当孩子向父母讲述了他的需要后，父母应该跟孩子一起分析，让孩子明白哪些是合理的、正确的，然后及时满足孩子合理的需要；对于不合理的需要，则要对孩子讲明道理。千万不要觉得孩子还小，或者觉得事情无关紧要就放纵他们。长此以往，孩子就会不断地强化不良行为，形成不良的品格，最终影响到他的人生。

节俭不等于“小气”，让男孩懂得一分一厘来之不易

在物质极度丰富的时代，很多父母都会觉得“教育孩子勤俭节约”这个话题已经过时了。因为现在大家的物质条件都得到了很大的改善，父母们普遍认为没有必要在物质生活上苦到孩子。同时“富养孩子”的育儿思潮在社会上盛行，父母们对孩子提出的吃、穿、玩、用等要求基本有求必应。其实，在物质条件宽裕的这个时代，父母还是要教育孩子勤俭节约的。节俭不等于小气，节俭有助于孩子养成良好的生活习惯。我国古代诗人李商隐说：“历览前贤国与家，成由勤俭破由奢。”作为父母，要引导孩子树立正确的价值观、消费观，从小培养孩子勤俭节约的良好习惯。

营造勤俭节约型家庭氛围

家庭是孩子接触的第一个环境，家长是孩子的第一任老师，培养孩子艰苦朴素、勤俭节约的良好习惯，父母要注意自己一言一行，只要家长在生活中保持节俭，即使孩子有了不节俭的意识，家长也能够进行说服教育。正如孔子所说：“其身正，不令而行；其身不正，虽令不从。”世界首富比尔·盖茨给自己的几个孩子每人一月的零花钱只有3美元，而且定下制度，如果每人的零花钱一个月有结余，那么可在下个月适当多给，这些做法激励了孩子们勤俭节约的好习惯。

克服孩子乱花钱的习惯

许多父母特别是一些老人对孩子宠爱有加，有求必应，有的甚至不用孩子开口就送上前去。由于长期不劳而获，没有计划性，逐渐使孩子们养成了花起钱来不心疼，甚至是乱花钱的习惯，造成浪费。这些孩子大多根本不知道什么叫节俭、为什么要节俭。在教育孩子时，家长要针对孩子的年龄特点，联系实际生活多给孩子讲解，从身边的小事做起，教育孩子节俭。

克服孩子攀比心理

要让孩子明白应该攀比什么和不应该攀比什么。在知识方面上你追我赶，学习成绩上的攀比，才是有意义的攀比；物品与衣着上的攀比，是华而不实的。引导孩子比学习、比劳动、比品德。同时，我们要尽可能地让孩子接触成人的工作，使他们明白劳动的不易，时间长了，孩子一定会改掉比钱比物的坏毛病。

培养孩子的劳动意识

让孩子从小参加力所能及的劳动，教会孩子做家务，放手让孩子承担一定的家务劳动，让孩子体会到劳动的辛苦，品尝到劳动成果的喜悦。不要因为孩子学习，就不让孩子做家务，久而久之，孩子的劳动观念淡薄，就会“四体不勤，五谷不分”。总之，培养孩子良好的勤俭节约意识和习惯，利用各种机会，向孩子讲述中华民族勤俭节约的光荣传统，让孩子从中受到启发和教育，使他们明白“细水可以长流，节俭也是财富”这个浅显而又深刻的道理，从而树立正确的消费观和价值观。

孝顺，是男孩做人的根本

孝心对于现在很多孩子来讲，似乎是一个陌生的词语。年轻的父母更多侧重于给予孩子更好的物质生活和学习环境，忽视培养孩子的孝心。有些父母心甘情愿地付出，不奢求孩子日后的回报。他们会跟孩子说，你们顾好自己就可以，我们不用你们操心之类的话。作为儿女，要感激父母无私的爱，可是如果父母经常把这些话挂在嘴边，子女听久了，真的会信以为真，觉着父母不需要自己照顾，孝心逐渐被淡忘。

很多父母认为跟孩子谈孝心，是贬低了自己对孩子无私的爱。这是一种误解，对孩子也是一种误导。孔子说：“孝悌也者，其为仁之本欤。”孔子的意思是，要孝敬父母，团结兄弟姐妹，这就是仁的根本。如果你对自己的家人都不好，还有什么资格说自己是个仁义之人呢？拥有孝心是仁的根本，是一个人的基本品德。

父母要以身作则

孩子是天生的模仿者。而且“孝”作为传承之道，如果长辈没做好，后辈又岂会获得。这话虽然说得过于绝对，但如果自己不孝顺父母，却指望孩子对自己言听计从，这样似乎说服力不够，也太过自私了。父母首先要孝顺自己的父母，孩子耳濡目染，才会逐渐养成孝顺父母的好习惯。

建立长幼有序的家庭秩序

父母让孩子明白长幼顺序，可以避免孩子以自我为中心的优越感。如果父母做什么，都首先考虑到孩子的需要，这样不是爱孩子，是在害孩子。孩子不仅不懂得感恩，还会认为一切都是理所当然的。失去孝心的孩子，长大可能会变成“啃老族”，甚至成为年迈父母甩不掉的包袱，何谈孝顺。

随着孩子年龄的增长，父母可以把家庭情况告诉孩子，让他们懂得父母的辛苦和不易，看到父母努力的过程。这样孩子才会心存感恩之心，愿意孝顺父母。家长还可以让孩子分担力所能及的家务活，让他们参与家庭劳动，学会替父母减轻负担。孩子在做事情的过程中，感受到父母的辛苦，才会发自内心地孝顺父母。

第三节 人无才不立，培养好好学习的男孩

不要过分看重考试分数

在日常生活中，许多父母都对孩子的考试成绩看得很重，都希望孩子考试能得高分。当孩子的考试成绩名列前茅时，父母就感到很高兴；当孩子的考试成绩不理想时，就不开心，甚至责骂、殴打孩子。其实，这种过分看重孩子考试成绩的做法是不全面的。

分数本是对孩子学习情况的一个检验，是老师、家长和孩子自己反馈信息的一个渠道、一种手段，只是测评孩子学业的一个参考，分数的高低并不能用来评判孩子的一切。但在考试竞争日趋激烈的今天，分数高低决定着孩子的升级、升学、就业的现实状态下，分数变成目的，变成了孩子、家长、老师追逐的唯一目标。

而且，还有许多父母把对孩子基本生活需要的满足，把对孩子的亲疏宠责都与考试分数挂勾，逼着孩子去为分数而学习，结果影响了孩子身心的健康发展。

有的父母把孩子的学习成绩作为评价孩子的一个主要标

准，甚至是唯一标准。他们对孩子的考试分数增加或减少特别敏感，看到孩子得了90分、100分便眉开眼笑，对孩子大加赞扬甚至用金钱作为奖励；倘若孩子考试分数低了，便板着面孔，马上念起“紧箍咒”，一训、二罚、三检查，弄得孩子苦不堪言。更有甚者，一旦看到孩子的考试分数不合自己期望，便对孩子非打即骂，以致上演了一幕幕的家庭悲剧。

应当承认，孩子的考试成绩，在一定意义上也能反映出孩子掌握知识的程度，反映出孩子运用知识解决问题的能力。而且，如果是合理而科学的考试方式，它所反映的成绩还是有相当重要的价值的。从这个意义上说，我们不能一概地反对注重学习成绩，但是，如果因此把孩子的分数看得太重了，这也是不可取的。

首先，家长过分看重孩子的考试成绩，会迫使孩子也过分看重考试成绩，把“考分”当成“命根”，在这种“指挥棒”下，很可能把孩子引到死记硬背、机械答题的道路上去。这样，是不利于孩子的智力发展的。

其次，家长过分看重孩子的考试成绩，会给孩子在心理上带来一种无形的压力。而孩子一旦承受不了这种压力，就会对学习产生一种厌烦情绪和逆反心理。在现实生活中，因为受不了这种压力而厌学、逃学、离家出走的例子是很多的。

再次，这种过分看重孩子考试成绩的做法，也不利于孩子的德、智、体全面发展。教育的根本目的在于提高孩子的综合素质，这个综合素质，则包括思想道德、科学文化、身体、心理等各个方面。过分看重考试成绩，则会放松其他方面的教育，就不利于孩子的全面发展。

所以，家长不要过分看重孩子的考试成绩，要做到：

①适当淡化分数观念。既看重孩子的学习成绩，又不过分地看重孩子的考试成绩。

②理智对待孩子的考试成绩。当看到孩子的考试成绩时，要理智地对待孩子。如果孩子的成绩好，应在鼓励孩子的同时，帮助孩子总结经验。如果孩子的成绩不理想，切不可责骂和挖苦孩子，也不要冷落孩子，而应当帮助孩子找出差距，分析原因，提出改进措施，鼓励孩子加油，争取下次考出好成绩。

③在重视孩子的考试成绩的同时，也要关心和重视孩子的德育、体育和心理方面的成绩或情况。

不打不骂，理性应对男孩厌学情绪

厌学是学生对学习的负面情绪表现，从心理学角度讲，厌学症是指学生消极对待学习活动的行为反应模式。主要表现为学生对学习认识存在偏差，情感上消极地对待学习，行为上主动远离学习。厌学问题已成为阻碍学生身心健康发展的重要问题。厌学情绪和逃学行为是一对孪生兄弟。厌学情绪是逃学行为的主要原因之一，而逃学行为则是厌学情绪的极端表现。人们常把逃学和厌学联系起来。

厌学可表现为很多种形式，如：孩子变得不爱上学，不愿见老师，甚至每到上学前，孩子就喊“肚子疼”“头痛”等；

有的孩子不愿做作业，一看书就犯困；即使在没有外界干扰的情况下，注意力也常常不能集中；有的孩子虽然也在看书，却“看不进去”，不愿大人过问学习上的事情，对父母的询问常保持沉默，或者表现烦躁，或者转移话题；上课时常打不起精神，课下却十分活跃，表现为“玩不够”。而逃学作为厌学的极端行为则主要表现为不去上学。

形成厌学心理的原因是多种多样的，针对不同的心理现象，需要采取不同的教育方法，而要克服厌学心理，还需要孩子积极主动地克服自身的心理因素，忽视外界带来的不良影响，由厌学转化为乐学。

多表扬，少批评

父母应当根据孩子的个性特点，通过赞扬、鼓励，把外部动机转化为内部动机，去促进孩子学习。让孩子克服厌学情绪、改正厌学行为，“多表扬，少批评”是一条很好的经验，已经被很多人所证明。俗话说“娃娃服夸”，鼓励、夸奖都是帮助孩子克服厌学情绪、改正厌学行为的好办法。

这种方法对于那些自尊心强的孩子非常有效。当父母发现孩子在具体的学习上有了进步，尽管这种进步只是一点点，父母也要抓住契机，不失时机地给予表扬和赞许，以激发孩子的进取心，从而帮助孩子克服和改正厌学情绪。与之相对的错误行为是，父母总是呵斥、责骂孩子，一味问孩子为什么不爱学习，一上火了还打孩子，这样容易起反作用。

不要用物质奖励

一些父母，面对孩子的厌学情绪和行为时，往往采取给予孩子一些物质刺激的方法。这样的方法同样是错误的，把孩子的学习和物质奖励挂上勾，久而久之，不但不起作用，甚至还会起反作用，滋长孩子的享乐思想，或者使他在学习上稍有进步便会产生骄傲情绪。

多些耐心

纠正孩子的厌学情绪，还需要父母的耐心。父母要根据孩子的生理、心理成长规律，给予孩子耐心的、具体的帮助。比如，幼小的孩子，父母在关心他的学习时，可以问孩子："今天得了几颗星？"如果孩子表现得很好，他会很自豪地告诉你，他得了五颗星，或者他会惭愧地说："今天我做错了一道题，只得了一颗星。"只要有这样的耐心和细心，即便孩子偶尔有一些厌学情绪和行为产生，父母都是能够正确解决、处理的。

孩子厌学心理的形成和发展是一个复杂的过程，但有一点可以肯定的是，孩子厌学是包括家庭教育在内的教育失误的表现。因此，父母要认真查找原因，对孩子进行一些必要的辅导，在孩子有进步时及时地鼓励他，这样便会使孩子逐渐地克服和改正他的厌学情绪和厌学行为。

对于家庭中已经有厌学情绪和行为的孩子，父母应当为孩子创造一个良好的学习环境。父母要"身教重于言教"，以身作则，不可在孩子做功课时，自己在旁边打麻将、玩手机、看电视等。父母要加强与学校老师的联系、沟通，绝不要在孩子面前讲学校、老师的坏话，从而使孩子对学校、老师失去热情，影响孩子的正常学习心理。

父母要告诉孩子，不爱学习将会给他的一生造成什么样的后果，同时再找一些热爱学习、勤奋学习的榜样，让孩子在比较之中，明白讨厌学习是错误的，鼓励孩子努力改变自己，逐步消除厌学情绪。

兴趣是最好的老师，激发男孩的学习兴趣

父母都不想孩子输在起跑线上，那就要趁早激发起孩子的学习兴趣，兴趣是学习的动力。孩子兴趣的产生往往是在小时候。不同的年龄段，由于各体不同的素质，孩子的兴趣往往有自己的独特性。孩子兴趣的发展和表现，是他天赋和素质的先兆。家长要经常问一问孩子喜欢什么，了解他的兴趣是什么，要引导孩子不断发展兴趣。男孩一旦有了学习的兴趣，在学习过程中就能自觉地克服困难，集中注意力，强化记忆，活跃思维，促进学习活动有效地开展。

培养直接兴趣

著名物理学家杨振宁曾说过，他不赞成有人说他是“刻苦”学习的，因为他在学习中从没感到“苦”，相反，体会到的是

无穷的“乐”。学习若能给孩子带来快乐，那么孩子一定会喜欢学习，年龄越小的孩子，学习兴趣越是以直接兴趣为主。例如，有的孩子喜欢画画，可能是他乐意用五彩的蜡笔在纸上涂抹，看着五彩的线条在纸上延伸、扩展，他的思维、想象也跟着任意遨游、旋转；也可能是老师经常表扬他，虽然他画得并不怎么样。那么，怎样才能使学习变为快乐的事呢？

首先，多表扬，少批评。要善于发现每个孩子的优点。有些家长开口闭口就是“这么简单都不会，光知道玩”，本是恨铁不成钢，却不知好钢已在批评中变钝了，日子久了，孩子总觉得自己很差，总有错，在学习中有压抑感，于是厌恶学习。如果孩子是真的做错了，当然也要给予批评，让孩子明白大人为什么要批评他，让他明白道理。

其次，使孩子一开始就有成功的体验。父母要尽可能使孩子掌握好知识，一开始就让孩子学懂，这样既增强了孩子的自信心，又使他体验了学习的快乐。

培养间接兴趣

学习目的的教育应该联系孩子的思想和实际，坚持耐心细致的正面教育，通过生动形象、富有感染力的事例，采用多种多样的形式，把学习目的与生活目的联系起来，这样才可以收到良好的效果。例如，有的孩子在学跳舞的时候，他不喜欢舞蹈基本功练习，吃不了这个苦，但是他对学习舞蹈可以参加各种演出表演活动的结果感兴趣，这种兴趣可以促使孩子去从事基本功练习的活动。所以家长们既要充分利用孩子的直接兴趣，激发其勤奋学习，更要通过学习目的教育来提高孩子的间接兴趣。兴趣在各种活动中的动力作用，已被不少心理学家所认可。瑞士儿童心理学家皮亚杰把兴趣说成是“能量的调节者”。我国著名心理学家潘菽认为：“兴趣是学习动机中最现实、最活跃的成分。”孩子对学习有兴趣，就可以激起他对学习的积极性，促使他在学习中取得好成绩。

利用好奇心培养学习兴趣

孩子最不缺的就是好奇心，他们刚刚加入这个世界，什么都不知道，什么都不懂，他们的眼睛里充满了一万个“为什么”，十万个“这是什么那是什么”，父母应充分利用好奇心来激发孩子的学习兴趣。有的孩子把闹钟拆开，有的孩子不停问为什么，父母若不了解孩子的特点，把这看成淘气、捣乱，对孩子采取批评、冷淡、不理睬的态度，这会伤害孩子智慧幼芽的生长，挫伤他们求知的积极性。另外，对孩子的提问要积极回答，如果不会则可告诉他弄明白后再告知他，但是要说到做到，切不可敷衍了事。如果家长骗他，以后孩子有不懂的问题也就不问了，这样就会降低孩子的积极性和好奇心。用好奇心激发起兴趣，让孩子渴望知识，主动地探索学习，那么，学习对于孩子来说就不会是痛苦之源，而是不断激发探索欲望的动力引擎。

创造兴趣培养的外部环境

只有肥沃的土壤才能长出好庄稼，只有良好的家庭环境才可能培养出智力优越、聪明活泼的孩子。首先，父母要以身作则，热爱学习。家长是孩子的第一任老师，身教重于言教。若父母督促孩子要努力学习，而自已却常常通宵达旦地打麻将，那么孩子感兴趣的恐怕不是如何搞好学习，而是如何玩好牌；学习的恐怕不是科学知识而是玩牌窍门了。若父母饭后捧一本书，伴一杯清茶，端坐书桌前，伏案写作，孩子耳濡目染，也会经常看书、学习。

培养男孩的专注力

专注力是学习一切的前提条件，特别是对于孩子，没有专注力做事情就会拖拖拉拉。有了专注力，才能够更好地成长。所以，当孩子有意识去学习的时候，父母就要着重培养他的专注力。

多花时间陪伴孩子

如果家长们细心的话，应该会发现这样的现象，孩子做作业的时候，你在他旁边看着他，他完成作业的效率就比较高。但若是你毫不关心他作业的进度，他也就拖拖拉拉，在写作业时做一些无关紧要的事情。这就是家长的陪伴对孩子的影响。家长们想让孩子提高专注力，就要在孩子习惯养成的时候多陪陪孩子，让孩子体会到你对他的重视和鼓励。建议家长们给孩子准备一些合适的玩具，和孩子一起玩耍，让孩子劳逸结合，学习的效率更高。

制定规律的生活作息

孩子在还小的时候，对很多事情都没有自制力，不知道在空闲的时候做什么，家长又不可能时时在旁边引导孩子，给他最好的建议。那么家长就可以和孩子一起制定一份规律的生活作息，比如什么时候休息，什么时候学习，什么时候可以看会儿电视等等。有了生活作息表的约束，孩子就不会对漫长的时间感到迷茫，也会懂得在特定的时间段做特定的事。当孩子对自己一天的时间目标明确后，就很容易做到专心致志了。不过这份作息表一定要科学有规律，以免让孩子过度劳累。

营造安静的环境

孩子在做一件事的时候，最需要的就是安静的环境。试想一下，倘若你在用心想一件事，但是周围环境嘈杂，刚刚有了点思路，稍不注意就被打断了，你还能专心下去吗？因此家长们最好在孩子做一件事前，尽力给孩子营造好合适的环境。

想让孩子专心地做事情，家长们首先要做好准备。以上的几种方法，家长们学会了吗？如果明了的话，就可以帮助孩子开始实施了哦。“水滴石穿，非一日之功”，只要家长们坚持住，相信孩子一定会有收获的。

避免破坏孩子专注力的因素

①焦虑会影响孩子的专注力。急性子的家长容易在潜移默化中影响孩子的情绪，孩子也变得遇事易急躁不安、不能冷静下来专注于解决问题。

②过度干扰。比如，孩子正在儿童乐园里玩得很投入，家长时不时地要把孩子拉过来嘘寒问暖，“怎么样，渴不渴？来喝点水”“走，我们不玩这个了，去那边看看”。过度的干预和打扰，不仅会让孩子变得缺乏主见，感到茫然，也在无形中破坏了孩子的专注力。

③经常斥责、唠叨。当孩子淘气或者做事不如自己所愿时，很多家长就会对孩子大加指责、唠叨。指责会让孩子产生紧张心理，打击孩子的自信心，使孩子缺乏安全感，经常唠叨会让孩子容易产生厌烦抵触心理。这两种方式都会让孩子变得情绪化，内心无法保持平和镇定，所以做事的时候难以集中精神。

④放任孩子沉迷电子产品。很多家长因溺爱孩子或是比较忙，就放任孩子想做什么做什么。例如，一放学回家就坐在电视机前，一坐就是几个小时；或者玩起平板、手机没有节制，对其他事情提不起兴趣。电子产品是破坏孩子专注力的罪魁祸首，会对孩子造成十分恶劣的影响。

第四节

财商教育，培养男孩的理财观念

帮男孩树立正确的金钱观

金钱观是对金钱的根本看法和态度。我们都知道有了钱就可以拥有许多东西，就能建立一个在物质上比较富裕的家庭，也就能过上较为舒适的生活。但是，幸福的生活除了物质享受之外，精神上的愉快也很重要。正确的金钱观能让我们对钱有一种正确的认识，要“取之有道，用之有度”。

如果孩子没有正确的金钱观，只知道钱是个好东西，认为钱是万能的，有了钱就能拥有自己想要的一切，就容易变得拜金，自私自利、唯利是图。同时，没有正确的金钱观，孩子就不会懂得金钱是通过辛勤的劳动付出得来的，想花钱就跟父母或长辈要，由此，他们会觉得父母给自己钱花是天经地义的事情。慢慢的，孩子就会形成挥霍、浪费、没有节制的消费习惯，而且还会变得不懂得珍惜，没有感恩之心，不懂得孝顺父母。当有一天，父母不愿意给孩子零花钱时，孩子很可能会产生怨恨心理，甚至引发相当可怕的结果……因此，树立孩子正确的金钱观，从根本上说，就是为了让孩子积极健康地成长。

为了培养孩子正确的金钱观，应该从以下几方面入手：

让孩子越早认识钱越好

当孩子还小的时候，可以开始教他们分辨不同硬币、纸币的价值，然后可以给孩子准备存钱罐，教他们把零花钱放到存钱罐里。有个实质的存钱罐，可以让孩子清楚感觉到金钱存放的地方，并且实际看到、感觉到金钱的累积。

帮助孩子养成存钱的习惯

当孩子大一点的时候，就可以将孩子存钱罐里的钱拿出来，带孩子到附近的银行开一个孩子的专属账户。开设银行账户的好处，除了可以让孩子真正了解金钱存放的地方，更可以让孩子实际感觉到钱存放到银行可以赚取更多的钱，了解利息是什么。

适当给孩子零用钱

许多父母会认为孩子跟钱的事情无关，他们没有能力，也不需要管理金钱。孩子需要钱就跟父母开口，父母愿意给就给，不愿意给就不给，金钱的事情完全掌握在父母手中。这样的观念其实并不正确。给孩子零用钱，可以让孩子提早认识金钱，也可以让孩子从小养成存钱的习惯，是帮助孩子提早体会责任感的好方式。

帮助孩子学会合理分配金钱

在孩子的零用钱少于想要买的东西时，可以让孩子将想买的东西列出优先次序，这样可以让孩子学会如何取舍，了解很多时候不是想要的东西全部都可以得到。平时带孩子去商店的时候，也可以让孩子在众多商品当中，只能选一样真正想要的东西。当孩子面对很多玩具或糖果时，往往很难取舍，或想要多拿几样，这时父母一定要告诉孩子，只能够选一种，渐渐的，孩子就会学习到如何决定。

告诉孩子钱不是万能的

在培养孩子金钱观时，家长要告诉孩子钱的用途虽然广泛，但也有局限性，并不是万能的。很多东西不是只要有钱就可以得到的，比如幸福的生活。

怎样给男孩零花钱才合适

在我们传统观念中，未成年人主要任务是学习，学习本身应该非常清静，和钱财以及消费离得越远越好，这样才能保证孩子们安心读书。而现在，我们会发现，越来越多和钱财相关的问题同样出现在对孩子的教育中。培根曾说过，“如果孩子小的时候，在金钱上过份吝啬于他，孩子在性格上将会变得猥琐”。因此，在生活中适当给孩子一些零花钱是应该的，并且父母要让孩子尽早地认识钱和学会正确使用钱。

适时给零花钱

孩子年龄越小，计划与控制的能力越差，因此，给零花钱的间隔应该越短。一般说来，10岁前的孩子一周给一次，10岁以后的孩子可以酌情半个月、一个月给一次，直到延长到一学期给一次。

适量给零花钱

到底给孩子零花钱的数目为多少，并没有统一标准，家长可根据每个家庭的经济状况和孩子的自制力而定。父母要确立一个合理的基本数额，和孩子谈谈这个数额，问问他会如何来花这些钱？如果超支了怎么办？他打算储蓄吗？

每月或每周定期让孩子有一些收入，就可以让他们知道钱的价值、学到如何管理钱以及怎么来做花钱的计划等。孩子们在花钱的时候也可能会犯一些错误，但其实这是对他们最好的教育。确定了基本数额，你就可以避免成为你孩子的提款机了，并会发现这样会比较容易了解孩子的花费情况。

给孩子最大限度的自由

给了孩子零花钱就意味着，这些钱财归孩子自己支配，如果父母过度干涉，孩子买什么东西都要听父母的，那么孩子不过是一只“储蓄罐”，就完全失去了利用零花钱来培养孩子消费计划和理财能力的意义。其实，孩子在用零花钱方面“上一些当”，也是让孩子积累经验的方式。比如，孩子被“喝饮料，赢大奖”的宣传所吸引，一口气拿出所有的钱买了饮料，最后发现什么奖也没有中到，他会反思自己的冲动。

“安全消费”教育

有了零花钱，“安全消费”的教育必不可少。孩子喜欢在小摊上购买散发出怪异香气和荧光的新奇文具，购买来历不明色彩俗艳的塑料玩具，购买会在舌头上“爆破” 或把舌头染绿、染蓝的糖。4岁起，我们可以教会他寻找和识别食品包装袋上的“QS”质量安全标志、像“一轮绿太阳从草原上升起”的绿色食品标志，教他识别那些有信誉的大超市的门脸，告诉他特别鲜艳的饮料和冷饮不能买，能把舌头染绿、染蓝的糖也不能买等。让孩子明白食品、玩具、文具的质量安全对小朋友健康的重要性，告诉他，在他无法辨别时，选择连锁超市，比选择路边小摊安全得多。

不要将零花钱作为奖罚的手段

随着孩子年龄的增长，帮家里做些家务是理所应当的。父母切忌这样告诫孩子：“赶紧把房间收拾好，否则下周的零花钱就没有了。”或者这样“奖励”孩子：“给你五块钱，把垃圾扔到楼下垃圾桶去。”这样做的后果会让孩子产生一种但凡做事必要有报酬的思想，让孩子丧失对家庭的爱心和责任感。有些父母为展现自己对孩子的好，用给孩子大额的零花钱来表达对孩子的爱。其实零花钱与爱无关，家长也不应该用零花钱来“收买人心”。

把零花钱作为做家务的奖赏，不仅容易让孩子对钱产生一种狭隘而粗俗的观念，还会让孩子失去对家庭的责任感。我们从小就应该培养孩子的家庭观念，让孩子明白权利和责任永不可分，孩子作为家庭成员，既享受了家庭的权利，也要适当分担些家庭责任。

总之，给孩子零花钱的目的是为了要让孩子学会花钱。要让孩子真正明白金钱的概念，让孩子有计划地花钱，形成正确的金钱观。

从压岁钱开始培养男孩的理财能力

对父母来说，处理孩子压岁钱的过程，不仅仅是一次亲子沟通交谈的机会，还是一个让孩子开始接触理财的大好机会。科学研究证实，3岁左右的孩子开始表现出明显的自我独立意识，并要求得到父母的关注和认可。7～8岁的孩子已经具有了简单推理和分析能力。进入12岁以后，这些能力就发展成为决策力并指引其行动，做父母的总不能永远用一句“我帮你存起来”打发不再年幼的孩子。因此，父母应该面对这些现实，在孩子年幼时就培养其理财能力，树立正确的金钱观。

尽早培养理财意识

我们的九年义务教育中并没有“理财”这门课，但人的一生却脱离不了“财”。让孩子尽早理解“财”的概念，理解买与卖的关系，能够帮助孩子较早形成理财意识。家长可以让孩子认识钱币面额大小，体会用钱交换物品的感受，有意识地让孩子计算用10元购买6.5元商品应怎样找零。不必担心孩子们不能理解，他们对数字的敏感度和计算能力远远超乎我们的想象。

让孩子理解金钱的感觉

有时孩子们并不理解金钱的多寡，比如，上一堂40分钟的钢琴课是300元，孩子未必理解这意味着什么。因此，家长可以在其他消费的过程中购买价值300元的食物或生活用品，并告知孩子，这些东西与一堂钢琴课的价值相等。通过这样的方式，让孩子理解金钱的实际购买力。

带上孩子一起去存钱

一般处于幼儿阶段的孩子还不会有金钱意识，这时家长可以先帮其把压岁钱存起来。但当孩子上了小学之后，家长就应该和孩子商量，可以先问孩子打算如何处理这笔钱，去了解孩子的想法，并且给予一些指导。这会让他觉得自己长大了，父母愿意和他讨论大人的事了。如果孩子选择存起来，家长就可以带着孩子一起去银行开户，让孩子了解“银行”和“储蓄”是什么。如果孩子想要买东西，家长就可趁机带孩子去商场或超市，引导孩子认识“价格”以及“价格比较”这些知识。

让孩子懂得“必要”和“想要”

当孩子上了三四年级时，对金钱的意识就会慢慢变强，而且会想要买一些大件、昂贵的东西。这时在压岁钱的使用上，家长应该引导两个概念“必要的”和“想要的”。如当孩子要买东西时，先让他做一个列表，引导他思考哪些东西必须要买，哪些东西可以以后再买，这能让孩子学会对金钱的使用有度。在这个过程中，还要让孩子明白“延迟消费”，学会控制自己的欲望。

第五节 尽心尽责，用智慧培养孩子的情商

帮助男孩做自己情绪的主人

别看孩子年纪不大，他们也是有自己的情绪的，伴随着喜怒哀乐情绪的变化，小朋友们也有相应的不同做法。与成年人不同的是，孩子们往往无法正确控制自己的情绪。一张小脸涨得通红、不分场合地放声大哭，都是常见的孩子们的模样。据儿童教育学最新研究指出：6岁前的情感经验对人的一生具有恒久的影响，孩子如果此时无法集中注意力，性格急躁、易怒、悲观、具破坏性，或者孤独、焦虑，对自己不满意等，会很大程度地影响其今后的个性发展和品格培养。如果孩子的负面情绪经常出现且持续不断，就会对个人产生持久的负面影响，进而影响孩子的身心健康与人际关系的发展。

因此，父母要教会孩子不能让自己被情绪左右，要掌控自己的情绪，做情绪的主人。

教孩子了解情绪

孩子们不懂什么是情绪。父母在看见孩子生气或者愤怒的

时候，问问他们现在是什么样的心情和感受，教会他们分清自己的情绪。当下次出现同样情绪的时候，就能够第一时间想起“父母教导自己要克制”。

带着孩子梳理情绪

对孩子来说，开心就笑，生气就闹，他们不会处理自己的情绪，更是不懂得感觉自己的情绪。因此，父母要帮助孩子认识自己的情绪状态，知道自己有情绪是一件正常的事情，这也是培养理解和调节情绪能力的基础。没有得到表扬的孩子会哭、会沮丧，那么父母们可以好好和孩子交流，询问他为什么会觉得不开心，没有得到表扬是因为什么，并且告诉他，通过自己的努力下一次一定会得到属于自己的奖励的。

了解他人的情绪

父母要教孩子懂得换位思考，了解他人的情绪对孩子来说十分重要，这将影响孩子的人际交往和社会适应能力。另外，能够准确察觉和分辨他人的情绪，是孩子正确表达自己情绪的基础。

正确表达情绪

当孩子的情绪上来时，该怎么办呢？一股脑发泄吗？不，要学会自我疏导。建立起一个强大的内心，才不会受情绪的控制。有情绪是一件无比正常的事情，但父母需要做的是，要时刻提醒孩子在表达自己的情绪时，应当以不伤害别人、不伤害自己为前提，否则不但会引起别人的不满，还会产生更多的负面情绪。

延迟满足，让孩子学会等待

美国心理学家米歇尔教授在1960年曾做过一个糖果试验，对象是斯坦福大学幼儿园的小朋友们，试验内容是如何挑选糖果：一个大哥哥要去办点事，如果等到他回来，可以得到两块糖果；如果不愿等，立刻可以拿到糖果，但只能拿一块。

这就是著名的延迟满足试验。试验中的小朋友有两种表现：有些比较冲动，大哥哥才走几秒钟就迫不及待地拿走了糖果；另有些孩子则坚持等到大哥哥办事回来。当然，等待的十几分钟非常煎熬，这些孩子用尽各种方法让自己撑下去：有的闭上眼睛，避免看见诱人的糖果；有的自言自语、唱歌、玩弄自己的手脚，甚至让自己努力睡着，最后，这些勇敢的孩子得到了两块糖果。

糖果试验一直追踪了10多年。追踪发现，两种孩子在情商和气质方面差异非常显著。克制型的孩子社会适应力更强、更自信、人际关系更好，能够积极迎接挑战，不轻言放弃。而冲动型的孩子则表现出一些负面的特征，例如，怯于与人接触，固执而优柔寡断，遇到压力或挫折容易退缩或者惊惶失措，不易克制情绪等。

现在的很多父母对于孩子有求必应，而且会在第一时间就满足孩子。这样做，往往导致孩子缺乏耐性，稍有不满就大发脾气，而且因为不懂得自我控制，注意力也就很容易分散。因此，父母要有意识地培养孩子的自我控制力。延迟满足，应从以下几方面入手。

让孩子学会等待和忍耐

有很多家长都评价自己的孩子是“受穷等不到天亮”，也就是很容易焦躁。如果认定这是孩子的性格，不可扭转的话，那么孩子就只能形成急躁的性格。作为家长，培养孩子的时间观念是好的，也是有必要的，但是，也应该让孩子学会等待和忍耐。

孩子遇事急躁，并不能解决问题，还会让孩子无法集中注意力。当孩子遇到困难的时候，最容易急躁，或是向人求助，这个时候，家长并不应该马上解决问题，而应该给孩子一定的“冷却”时间，告诉他这并不困难，只是他太过焦躁而已，让孩子懂得自己寻找解决办法。

当然，家长拒绝孩子的时候不能太过生硬，而应该采取鼓励孩子的方式。当孩子懂得平心静气解决问题的时候，注意力自然也就集中了。

不要把孩子捧得太高

有一部分家长认为，民主就是要将孩子的地位抬高，实际上这种做法是错误的。给孩子这种优越感只能让孩子的认知出现偏差，让孩子觉得自己所得的一切都是理所当然的。作为家长，应该要让孩子懂得付出才会有回报，也要让孩子知道，有时需要等待，并不是靠哭闹就能够解决所有的事情。或许一开始会比较难，但是当养成习惯之后，孩子的性格也会内敛许多，不仅注意力能够集中，还会更细心，家庭氛围也会更和谐。

延迟满足不是单纯地让孩子学会等待，更不是一味地压制他们的欲望，说到底，是培养孩子克服当前的困难而力求获得长远利益的能力。延迟满足是通过暂时压抑孩子的当前需求来实现的，但一定要让孩子看到期待的结果。如果只是一味压制孩子的需求，就和延迟满足的初衷背离了，长此以往，孩子就会变得不自信、消极胆怯、遇事不敢尝试。

培养孩子的同情心

如果孩子在小时候有同情心，长大后就能更同情别人，为人善良，懂得尊重和理解他人，成为有同情心的父母、配偶、同事和朋友。但是，同情心并非天生，而是要通过后天培养形成的。父母要如何培养孩子的同情心呢？

为孩子做榜样

父母要尽可能表现出对孩子的温暖和同情。孩子们会以观察身边人的所作所为来进行学习，也会受到他们的影响。身为家长，可以为孩子树立一个很好的榜样，通过重视他人的感受，以及当他人感到悲伤、沮丧、痛苦或需要帮助时表现出理解和同情，来培养孩子的同情心。如果孩子表现出消极情绪，要承认他们这种感受。家长此时要给他们提供帮助，直到有明显信号表明他们的注意力已经转移为止。小孩子有时需要家长帮助他们了解自己的感受，并且告诉他们应该怎么缓解。例如，如果孩子哭了，家长就可以说："你看起来不开心，我可以帮你吗？"

将感受、想法和行为结合起来

可以将孩子的感受与行为结合起来以便孩子理解其中的因果关系。比如，奥利弗带走了马克斯的玩具，所以马克斯感到难过。怎样可以使马克斯感觉好点呢？家长们可以通过讲故事、角色扮演或读书来教孩子们这种因果关系。与孩子们谈论角色的想法、感受和行为。比如，这个角色接下来会做什么呢？然后将这些场景与孩子自己的经历联系起来。例如，如果这个角色因为失去朋友而伤心，那么就可以将其与孩子难过时候的心情联系起来。这有助于孩子更清楚地理解情感、思想和行为之间的联系。对于年龄较大的孩子（5岁及以上），就可以让他们感受角色的心理，也可以转换视角，比如问孩子："你觉得他们感觉如何？为什么他们会感到不安？我们可以做些什么来帮忙？"

让孩子学会爱护动植物

通常，养过小动物的孩子心思会比较细腻，感情会更丰富，也会更富有同情心。而随意拆砸玩具，恶意对待小动物的孩子会更具攻击性，缺乏同情心。父母在平时要多注意培养孩子对动植物的热爱，让孩子在照顾动植物过程中，学会同情、体贴他人，把别人放在心上。如果孩子有意地损坏物品，或残忍地对待小动物，父母一定要给予制止和批评。

营造具有同情心的氛围

无论是在家还是在学校，都要营造氛围，鼓励孩子理解并对家人、朋友有同情心。身为家长或者老师，如果孩子正在努力学着换位思考，同情他人，那就尽量试着创造机会来帮他们做好准备，并向他们强调，如何善待所有参与者。可以对孩子说："当你妹妹失去最喜欢的玩具时，你能帮助她真是太好了。她会记住这一点，并希望在你需要的时候帮助你！"这会促进孩子做更多这样的行为。如果孩子对他人极富同情心，会使其获得成功的生活。父母、老师、监护人甚至兄弟姐妹都在这方面发挥着重要作用。

培养孩子的合作精神

现在的孩子都有很强烈的"自我"意识。如果这种"自我"意识不断内化，很可能会形成自私、固执等不良个性，而这些将成为他们成长的绊脚石。培养孩子的团队精神，增加孩子的合作能力，才能让孩子有一个好的将来。

培养孩子表达和沟通的能力

父母要让孩子知道，表达与沟通能力是非常重要的，不论做出了多么优秀的事情，不会表达，不能让更多的人去理解和分享，那就几乎等于白做。只有注重与别人之间的交流与沟通，注重培养团队精神，才能为别人所接纳与尊重。

培养孩子的归属感

父母要重视孩子归属感的培养，教育孩子要关心自己的团队，多为团队献计献策，多做奉献。对胆怯的孩子，应帮助他们克服恐惧、自卑心理，增强他们的自信心。这样才能凝聚多方面的力量，使团队成员以强烈的动机去做事情。

通过游戏培养合作意识

孩子离不开游戏，而游戏正是培养他们团队精神的好方法。父母可有意识地鼓励孩子多和小伙伴一起玩游戏，也可以让孩子和父母一起玩，比如相互传球，一起踢毽子，等等。当孩子玩出了感觉，他就会体验到集体活动的乐趣，和他独自一人玩耍的感觉是不一样的。这样孩子就喜欢和他人进行交流，也会更加喜欢集体活动。

鼓励孩子多参加集体活动

现在的父母更看重学习成绩，不想让孩子浪费一分钟时间在学习之外，其实更多的适用知识并不是在课本上学来的，团队合作精神就是，让孩子多参加一些集体活动，有条件的参加一些公益活动，对培养孩子团队合作精神都是大有益处的。

让孩子学会求同存异

父母要让孩子知道，一个人的价值只有在集体中才能得到体现。有些人的动手能力强，点子也不错，但当他的想法与别人的不一致时，就不愿意改变自己的想法，这就是固执己见；有的团队成员谈到别人时，对别人很挑剔，缺乏客观看待事情的品质。实际上，团队中的每个人各有长处和不足，关键是成员之间以怎样的态度去看待他人。能够在平常之中发现对方的优点，而不是挑他人的毛病，培养自己求同存异的素质，对培养团队精神尤其重要。

第六节 帮助男孩顺利度过“青春叛逆期”

及时疏导青春期男孩的心理压力

青春期是男孩过渡到男人的重要时期，其心理特点对家庭教育提出要求，在此时帮助男孩树立正确的人生观、世界观和价值观具有重要的意义。如果青春期心理问题没有进行及时疏导和纠正，那么青春期问题很可能对孩子心理造成摧残，甚至留下心理方面的阴影，所以青春期男孩的心理健康应得到重视。

青春期的躁动是青春期男孩的一大特点。青春早期(9～13岁)男性的性生理和性心理发育速度达到高峰，文化层次逐渐增高、创新意识增强，喜欢尝试接受新生事物，因此极易受到周边人和事的影响。但由于社会经验少，往往抗挫折能力不足。青春中晚期(13～18岁)男性则面临着复杂人际关系的调整、学业竞争的压力，有时还可能陷入早恋的泥潭。

进入青春期发育初期，男孩开始对异性敏感，本能地产生对异性的疏远与反感。随着性发育渐趋成熟，在雄性激素的作用下，会产生性幻想，甚至会想到和心爱的女孩性接触，进而产生遗精现象。交际方面，青春期的少年开始主动与家庭外的人建立关系。他们渴望友谊，希望有倾诉心声的朋友。他们具有自发形成的社交能力，有的青春期男孩社交能力比较差，往往会感到孤立、寂寞或者无助。在青春期男孩的成长过程中，同伴和群体的作用甚至超过了长辈的影响。

青春期的男孩有了自己独立的兴趣、爱好、见解和主张，他们不再安于爸爸的袒护和安排，而是有了自己独立的意识和独特的行为方式。青春期前的男孩关注的多是同伴手里是否多了自己没有的玩具，而进入青春期之后，他们开始关注自己的身材和体貌，并且有了爱美的意识。

青春期男孩已经开始注意自己在社会中的角色，关注爸爸、同学、老师和邻里对自己的评价，并且希望得到理解、尊重和宽容。青春期男孩有了儿童期没有的诸多变化，他们慢慢地走向成熟。在这转化的过程中，有喜有忧，有笑有泪，有对性心理的困惑，有对周围人不理解的烦恼，有自己的特立独行，也有同伴之间的互娱互乐。

请及早与你的男孩谈“性”

孩子在人生成长的每个阶段，都会遇到不同的与性有关的问题、困惑，都需要从父母那里得到及时、真诚、坦率、有效的帮助和指导。如果孩子能从父母那里得到适时的性教育，将对他们一生的成长产生无法替代的积极作用。

很多父母认同对孩子进行性教育的必要性和重要性，但从什么时候开始，却看法不同。有父母认为青春期是性教育的最佳时间，因为那时孩子开始性发育，会遇到与性发育有关的问题，需要帮助。但实际上，无论父母是否意识到，对孩子的性教育从孩子出生就已经开始了，特别是当孩子提出“我从哪儿来”“为什么男孩、女孩尿尿的姿势不一样”等问题时，就正式拉开了对孩子性教育的“序幕”。

父母是否愿意回答孩子的性问题，回答性问题时的眼神、表情、态度、说话的声调和语气等，无不向孩子表明您对性的态度，对孩子提问的态度。所以，父母在跟孩子谈性之前，先要审视一下自己对性的态度，自己对性的价值取向，以及对孩子提出性问题的态度。我们希望父母能用积极美好的态度看待性，也把这种美好的态度传递给孩子；希望父母能用赞赏的口吻告诉孩子，您对他能提出性问题感到很高兴；希望父母用真诚的态度来认真地回答孩子提出的每一个性问题。

孩子能够直接从父母那里得到对自己提出的性问题的真诚解答（当然答案要科学），是孩子成长的福音。父母可千万别小看了这样的“壮举”，这在孩子认识身体，认识自己，认识生命，认识世界的经历中具有里程碑式的意义。从这个时刻开始，父母和孩子之间就性问题的交流建立了良好的氛围，亲子之间的信任“油然而生”。

能够就性话题跟孩子坦率交流，是父母送给孩子的最珍贵的礼物。有的父母到孩子青春期时会抱怨孩子不愿意跟自己交流，什么都不说，甚至跟自己作对，很有挫败感。父母应该知道为什么会这样。在孩子最需要父母真诚地跟他交流的时候，父母无视孩子的需求和问题，那父母怎么可以希求孩子到了青春期跟您“无话不说”呢？跟孩子谈性越早，父母越容易与孩子建立真诚的亲子关系，越容易营造“谈性”的氛围，越容易消除“不自在感”，越容易开口说出与性有关的词汇，越容易取得孩子的信任。

也许有父母担心，性教育会“诱发”孩子过早关注性问题，甚至会导致性交行为的提早发生。目前从世界范围看，还没有研究证据表明，性教育会让青少年初次性交的时间提前。倒是美国著名性教育效果评估专家道格拉斯•科比和他的同事们做了大量性教育效果评估发现，全面的性教育“取得了推迟初次性交时间的效果”。我们在很多方面都尊重科学，在对孩子的性教育方面，我们同样要相信科学研究告诉我们的事实。

让男孩学会尊重女性

著名学者胡适曾说过这样一句话：“你要看一个国家的文明，只需考察三件事：第一看他们怎样待小孩子；第二看他们怎样待女人；第三看他们怎样利用闲暇的时间。”而尊重女性的意识，大多都是从幼时的家庭教育中潜移默化培养而成。让自己的孩子学会尊重女性，不仅是一种文明的要求，还是对他心理健康的保障。尊重女性的本质就是尊重人，如果不能学会最基本的尊重人，孩子在社会生活中将难与他人和睦相处，严重的则容易发展成反社会人格。

亲身示范正确的行为

在尊重女性这方面，没有什么能够比父亲的亲身示范更重要。当父亲与儿子的母亲、姐妹以及其他女性家庭成员在一起时，要记得尊重她们。当儿子看到父亲认真倾听她们的意见时，看到父亲随时为她们提供帮助时，儿子会不由自主地模仿父亲的举动。言传总是大于身教，这一道理在教导儿子尊重女性方面同样适用。

修正流行文化中不尊重女性的印象

男孩在看电视或玩电子游戏时，不可避免会遇到女性形象被塑造得很轻佻的情况。这种时候，父母就应该修正孩子可能形成的这种印象。父亲可以告诉儿子："虽然现在有人会瞧不起女性，但是我们知道这是不对的。你看，我就很爱你妈妈，永远不会瞧不起她。"父亲要帮助儿子认清，那些影视作品和游戏设计中的特殊形象并不代表大众的价值观。

教导男孩和平沟通自己的想法

发生争端时，年轻人总是容易通过诉诸武力来解决问题。而男孩在球场上和朋友之间的打闹或言辞上的不逊，在和女性交往中是不适用的。所以父母要帮助男孩，使他在女性面前能够言行得当，尊重女性。父亲也要帮助儿子知道，在家庭环境中，将暴力诉诸于女性与小孩身上是错误的。

让男孩远离色情内容

色情内容从任何角度来看对年轻人都是不利的。但是色情内容传达出的一个更不好的信息是：女性首先是性生物。这种对女性形象的单维度构建，会造成男孩对女性的不尊重。所以父亲应该在儿子用电脑和手机上网时，帮助孩子避开色情内容，并进行适当的监控。如果孩子有沉迷于色情内容的迹象，父母要主动帮助孩子找到更健康的方法来发泄孩子的冲动。

提及女性时要用礼貌与尊敬的措辞

在日常语言中，关于女性的不礼貌用词大量存在，有时在随意的聊天中不经意就会出现。即使看到有些女性穿着或行为比较出格，父亲也要避免在儿子面前说对方“倒胃口”或“胸大无脑”等词语。

帮助男孩建立与女孩之间的人际关系

男孩通常只喜欢和其他男孩交朋友，除非他们到了开始散发荷尔蒙吸引小女生的年纪，这种情况才会改变。父母如果帮助儿子早一点培养与女孩的友谊，儿子会在与女生相处时更加自然，也会改变在他们这个年纪产生的对女孩的刻板印象。

消除性别刻板印象

要培养一个尊重女性的男孩，更多的还是要注重在教育中消除性别刻板印象。在教育自己的孩子时，父母不应该告诉孩子什么是女孩应该做的、什么是男孩应该做的。许多父母会在男孩哭泣时指责男孩，或者把“你怎么像个娘娘腔”作为批评孩子的话。研究表明，男孩和女孩在婴幼儿时期的哭泣频率相同。

长期的性别刻板印象教育，会在孩子心中形成“女性等于负面”的潜意识心理链接，同样不利于孩子成长为一个尊重女性的男人。每个孩子生来就是一张白纸，没有谁是天生的“直男癌”，也没有谁是天生的绅士。每个“直男癌”的背后，是一个个不健康的家庭环境。在重男轻女思想被逐渐抛弃的今天，影响一个孩子两性观念的，不再是简单的重男轻女思想，更是父母在生活中的点滴行为。因此，父母要以身作则，在家庭生活中要给孩子做出尊重女性的表率。如果父母自身都不能做到从心底相信男女平等，想让孩子学会尊重女性就真的是一件很难的事。

直面“早恋”，为男孩树立正确的爱情观

“早恋”向来都是让广大父母担心的一个问题。很多父母认为，“早恋”会干扰孩子正常的学习和生活，影响孩子的身心

健康。对于如何让孩子避免“早恋”有很多种方法，但是父母都忽略了对孩子爱情观的培养。只有培养孩子正确的爱情观，才能从根本上解决孩子“早恋”的问题。

“早恋”的产生，本质原因是性生理的成熟。性成熟促使“异性效应”出现，男女生开始彼此关注对方，并充满好奇与兴趣，交往也变得愉悦而频繁起来。同时，青少年的认知水平有了很大提高，但认识问题容易出现自我中心，他们越来越在意自己在同学，尤其是异性同学心目中的地位。一些中学生觉得在学校里没有男朋友或女朋友很没面子，因为这样会被别人认为没有魅力、不受欢迎，这种思维上的片面认知进一步催化了“早恋”的发生。其他如网络、影视媒体等一些方面的不良影响，都很容易激发孩子“早恋”。

“早恋”产生的原因是一种客观存在，谁也无法用消除“早恋”根源的方式来杜绝“早恋”。但是，父母应该给予孩子足够的理解、支持、关心和耐心，鼓励他们说出自己的想法，帮助他们科学地认识爱情，树立正确的爱情观。男孩就会因此找到内心与外在世界的平衡，顺利度过这段危险期。

告诉男孩，爱情是人生重要的组成部分

人的一生是短暂而丰富的，在一个人的身边伴随着亲情、友情、爱情，每一种感情都很重要。所以，爱情不是人生的全部内容，它只是生命中重要的组成部分。要让青春期的男孩明

白，优良的成绩、崇高的理想具有更重要的意义。爱情通常处于从属地位，“以钱取人”“以貌取人”“以恋补虚”等恋爱动机是不正确的。

让男孩明白，爱情要有道德责任感

有些青春期的少男少女在一起不是为了共同进步，而是为了弥补精神上的空虚，把恋爱当成游戏。要告诉儿子，恋爱与道德有着密切的关系，庸俗的爱情会让青春期男孩留恋低级趣味，甚至出现越轨的行为。只有树立正确的恋爱道德观，才能促进其奋发向上。

引导男孩正确处理学习和恋爱的关系

在有些男孩眼里，爱情与学业是不矛盾的，爱情能促进学习，成为学习的动力。告诉男孩，要利用自己青春期的“黄金时期”多多积累知识，培养各个方面的能力。不能因为好奇而过早涉入爱情，更不能以爱情为托词，来满足自己寻求刺激的心理。当爱情真的降临到男孩身上时，要让他多一些理智，摆正爱情与学业之间的关系。

爱情是美丽的，薄伽丘说：“纯洁的爱情是人生中的一种积极的因素，幸福的泉源。”真正的恋爱是纯洁的、高尚的，既不古板，又不轻率；既炽热、活泼，又理智、深沉，恋爱双方都能获得一种积极向上的力量。拥有正确的爱情观可以让男孩认识自我、完善自我、发展自我、超越自我。父母要和孩子一起成长，让爱情成为孩子内心世界的美好向往，在催人奋进的过程中激励他们一步步走向成功。

第三章

男孩成长过程中经常出现的问题及解决方法

男孩在成长过程中，总会出现各种各样的问题，包括衣、食、住、行等各方面，比如，从最初的穿衣吃饭的“权力”之争——吃穿听谁的？到男孩的学习、成长中遇到的各种问题，本章将提供实用的解决方案，帮助家长处理这些恼人的问题。

我不穿这个！——男孩穿衣服到底听谁的？

做父母的都可以按照自己的喜好来打扮小婴儿。但孩子成长得很快，他逐渐开始对自己喜欢穿什么和不喜欢穿什么有了自己的看法。很多父母都有过这样的困扰——男孩总是拒绝自己为他选择的衣服："这个不好看""不喜欢这个颜色""这个一点都不酷"等。这是个选择权的问题，男孩子穿衣服到底是按他的意愿来还是按父母的意思呢？

父母都希望孩子学会独立思考，但很多时候都是自己在替孩子思考。让男孩决定自己穿什么衣服，就是让男孩形成个人风格和表明自己个性的最佳机会。父母全权包揽了男孩穿衣的一切，只是担心男孩着装不当会让别人笑话或者遭到异样的目光，其实这都是父母自己一厢情愿的想法罢了。

尊重孩子，当孩子的穿衣顾问

要尽早让男孩自己挑选衣服，尊重男孩的选择，以避免招来孩子的反叛。就让他们穿着不搭或"糟糕"的衣服出门，让他们体验自己的选择所带来的自然后果，让他们自己从中学习。男孩们会从同龄孩子那里得到大量的反馈——好或是不好，也许他们还会自己穿出一种新的潮流呢！如果男孩有兴趣学习色彩搭配，父母可以给他们提供几种选择来帮助他们。父母要学着当孩子的穿衣顾问，而不是自己全权处理。

提前准备第二天的衣服

父母有必要在晚上留出一段时间让男孩选择第二天想穿的衣服。多问问男孩：喜欢什么颜色？喜欢哪件衣服？或者多给他找几套衣服，让他自己挑选。当男孩有充分的时间挑选时，往往会很快就做出选择。通过男孩对衣服的观察和思考，可以锻炼他的思维能力和判断能力，让他更好地判断衣服的区别，有助于提高孩子的自主能力，对孩子的成长更有利。

按季节收拾好衣服

夏季和冬季的衣服不要放一起。在冬季，要把夏装收起来。同样的，在夏季，要把冬装收起来，这样就减少了很多不必要的选择。

乱糟糟的男孩房间，谁收拾？

现在很多孩子都拥有自己单独的房间了，可是随着男孩逐渐长大，他们总是不会打扫自己的房间，他们的脏衣服、玩具扔得满屋子都是，床底下、柜子里总是乱七八糟，甚至会让父母觉得无从下脚。就算父母再怎么唠叨，再怎么抱怨，男孩子的房间也总是如此。

其实，男孩不打扫房间、不按时完成作业，大概是所有父母对孩子最多的抱怨了。如果有两个或者三个以上的孩子共用一个房间，房间糟乱的问题更是不可避免。面对这种情况，父母是对着男孩大吼一通，再帮他收拾好房间呢，还是强迫男孩自己收拾房间呢？

父母不要太勤快

都说勤快的妈妈培养出来的都是懒孩子。很多父母，尤其是妈妈，都太勤快了，什么事都亲力亲为，全部承包。看不过男孩的房间太过脏乱，总是忍不住要去收拾一番。这样把应该由男孩自己承担的那部分事情也全都做了，男孩还要做什么呢？还能得到什么锻炼呢？很多时候，父母应该放手，让男孩学会自己收拾房间，为家庭做点贡献，整理并保管好自己的物品，还能探索自己的喜好，通过装饰和安排房间来表达自己的个性。

花点时间训练男孩

男孩年龄太小的时候，让他自己收拾他会无从下手，这时就需要父母和他们一起收拾，告诉他玩具应该放哪里，或者某样东西该放哪里，耐心地指导并陪伴他，很快就能让他养成收拾东西的习惯了。

大一点的男孩，要训练他们对自己的东西分类整理。比如衣服、鞋子、书、日用品要分类，分别存放起来。房间里暂时不用的东西可以放到柜子里或者家里的储物间。只要有足够的耐心，所有的男孩都可以自己收拾好房间。对于太过细节的东西，父母大可不必太在意，比如某样东西必须放哪个角落之类。只要男孩能保持房间整洁、会收拾就行。

让男孩意识到收拾房间是自己的责任

不要因为孩子做了他们需要做的事情而奖励他们。收拾自己的房间，是孩子需要承担的帮助家人的责任，不能让他们觉得有奖励才去做。而且不应该将零花钱与收拾房间联系起来。但是，也不能威胁孩子说，如果他们不能保管好自己的物品，你就要拿走。

让男孩独自睡觉太难，怎么破？

孩子在婴幼儿时期，很多父母都会选择带着孩子一起睡，和孩子睡在同一张床上。这或许也是一种无奈的选择，因为很多时候不得不如此，比如空间上的限制，或者觉得孩子太小，应该和父母一起更安全。一般来说，孩子在3～5岁是跟妈妈分床睡的最佳阶段，过早分床会让孩子没有安全感，而过晚分床会使孩子没有独立性，依赖性增强。所以从3岁开始，父母们就应该考虑让孩子慢慢适应一个人睡了，直到5岁左右完全适应。

循序渐进让男孩适应独自睡觉

当妈妈们有想法让男孩自己睡觉的时候，先让男孩适应一个人独自盖被子，慢慢适应没有依偎在妈妈怀中的感觉。当男孩适应自己盖小被子以后，妈妈们可以考虑在自己房间给男孩一张独立的床，这样既能让男孩不那么孤独，还能让男孩适应自己单独的空间。当男孩不愿意自己待在自己小床的时候妈妈可以陪在男孩身边，给男孩讲他们喜欢的故事，让孩子做好自己入睡的心理准备，直到男孩睡去。但千万不要强制性实施，这样会给男孩造成阴影。

当男孩适应了自己在小床睡觉之后，父母就可以考虑培养男孩在独立的房间睡觉了。当男孩刚搬到自己的小房间睡时，父母一定要在睡前陪在男孩身边，拥抱他，让他感到安全，告诉他不管有什么事情，只要叫一声，爸爸妈妈就会来到他的身边。

培养男孩良好的睡前习惯

在睡觉之前尽量不要让男孩太过兴奋，不要看电视、玩手机，更不要在孩子睡觉之前批评和斥责孩子。孩子临睡前一定要让孩子排空大小便，尽量不要起夜。这样才能保证良好的睡眠。一旦孩子学会了自己入睡，在白天也会更开心，并更容易照料了。

让男孩参与设计布置自己的房间

想要让男孩独立睡觉，可以尝试先让男孩爱上自己的房间。男孩卧室空间的设计、床品摆设、房间布置等，都可以参考男孩的意见。让男孩自己装扮小房间，会使他更有成就感，更喜欢这里，有最爱的东西陪伴他，他会觉得很安稳。

父母只要有耐心、有恒心，一定能让男孩独自睡觉，父母要适时放手，让男孩长大独立。

男孩挑食怎么办?

孩子挑食可以说是每个父母都会面临的问题。男孩长时间不吃这个，不吃那个，只吃自己爱吃的东西，无法保持营养的平衡，对他的成长非常不利。很多父母用尽办法想解决男孩挑食的问题，最后效果却不好。其实，父母需要对男孩有一个正确的引导，不给他们施加压力，慢慢地让他们接受新的食物，他们很快就会习惯了。

父母做好榜样

首先父母就不应该出现挑食的现象，这样也不吃，那样也不吃，无形之中给男孩灌输了挑食的想法。如果父母自己都

做不到，又怎么去要求自己的孩子呢？父母榜样的作用是很强大的，也不可小看男孩的模仿能力，你的好、你的坏，他都能学到。

不要说“要多吃一口”

对于儿童来说，他们对于食物有一种特殊的爱好，有可能他们只偏向于某一种食物，这是很正常的，这个时候我们不能够强迫他们，比如男孩在吃完了饭以后，你还对他说“要多吃一口”，这类话不会让他们感到开心，甚至让他们觉得厌恶。男孩可能只是暂时性的对某些食物没有兴趣，他们需要一个适应的过程，有些食物慢慢的可能就会被他所接受。

鼓励男孩尝试新的食物

父母逼迫男孩吃更多东西肯定是不可取的，反而会让他们更反感，产生逆反心理。应该鼓励他们去尝试新的食物，让他们自己去慢慢适应。在鼓励的过程中应该使用一些小技巧，比如给他们一些小小的奖励，这样他们就会更有兴趣，另外做菜的时候切得小块一些，这样他们更愿意接受。

让男孩参与买菜做饭的准备工作

父母在给男孩准备食物之前，可以先问一问男孩的意见，看看他想要吃什么。如果条件允许，可以带他们去超市，让他们自己选择，这样给他们准备食物，孩子就会更有兴趣，也更愿意接受这些菜品。但是也不能够完全迎合孩子的要求，很多不适合孩子吃的食物，是绝对不能够让孩子吃的。

父母在做菜做饭的时候，可以让男孩当小助手——摘菜、洗菜、准备餐具等。研究发现，带着孩子一起做饭不仅能够增进一家人的感情，还能够为进食带来更多的乐趣，从而减少男孩挑食的现象。

不打不骂，如何解决男孩哭闹的问题？

有些孩子天生敏感，很容易哭，这也是他们表达自己的一种方式；有些孩子哭是为了寻求关注、争取权利、蓄意报复，或者是表现自己的无能为力；有些孩子哭，是因为当时感到失望、愤怒或沮丧。当然，婴儿哭是因为这是他们唯一的沟通手段。父母需要足够了解自己的孩子，并发现这些区别，才能够更有效地解决孩子哭闹的问题。

懂得孩子的语言

对于婴幼儿来说，哭闹是他们的语言，当他们还太小不会说话的时候，只能用哭来表达自己的不满，或者委屈，或者自己的想法。一般情况下，婴幼儿哭闹主要是饥、渴、冷、热、尿的诉求。父母发现孩子开始哭闹，一定要找到原因及时解决，那样孩子的哭闹就会马上停止。

而稍大点的孩子哭，主要是父母给的安全感不够，没满足孩子爱的需求，他只好通过哭来呼唤亲密，避免孤独、被忽视。比如孩子不喜欢上幼儿园，每次都哭好长时间，怎么哄也哄不好；或是孩子不听话、爱打人，父母制止，就大哭大闹；或是孩子注意力不集中，不好好吃饭，一说他就哭闹等等。

表面上看，孩子哭闹的原因各不相同，但深层的心理需求常常只有一个：呼唤父母的关注和爱！父母对孩子的高质量陪伴不够，亲子间的安全依恋关系没有形成，孩子内心深处感受不到爱和关怀。可孩子太小，意识不到，也说不出来，于是，表现出一些偏差行为，如不爱上幼儿园、不好好吃饭、注意力不集中、打人哭闹等，实际上寻求的是父母的关心和温暖。尤其6岁左右的孩子，像有些父母说的，越大越有心眼，常常追着大人哭，其实，孩子的内心大多是想控制亲子关系，哭给最亲近的人看，寻求父母的认同和关注。

父母要通过孩子哭闹的表象反思一下，陪伴孩子的质量如何，是不是因为疏忽，让孩子有了不安全感。多抱孩子，多亲吻孩子，多和孩子说妈妈（爸爸）爱你，不只言语，行动上也多认可孩子，多鼓励孩子，让孩子感到被允许和喜欢，孩子才会情绪平和、心境愉快地玩耍、生活。

不害怕，不娇纵，适当惩罚

有太多父母一看到孩子哭就慌了，好像什么都做不了，而只要孩子不哭不闹，孩子想干嘛就干嘛。时间久了，孩子就会发现，原来哭闹可以满足自己想要达到的一切目的，那么孩子就会变得越来越爱哭闹，越来越任性。所以说千万不要害怕孩子哭闹，不可任凭孩子哭闹。当孩子任性哭闹时，父母不要依着孩子的心性，不能顺从他，要及时给孩子指出错误。父母可以先劝他几句，若孩子不听甚至哭闹得更加厉害，可以警告他，让他适可而止，并马上擦干眼泪鼻涕，然后自己做自己的事情，不理会他，一般孩子都会停止自己的任性哭闹行为。如果孩子哭闹还未停止，就可以拿出一些惩罚手段了。比如孩子想以哭闹的方式达到自己的某一目的时，你可以拒绝："因为你任性哭闹了，所以不能给你这个。"要让孩子明白，他的任性哭闹，不会达到自己的目的。

教育孩子要全家同步

一个孩子，身边会有爸爸妈妈、外公外婆、爷爷奶奶，幸福的孩子可能一下子拥有六个人无尽的疼爱。这样就形成了一种局面，当孩子哭闹，爸妈准备教育时，就会有四位或者两位老人出来反对，这样一来，孩子就会觉得自己有靠山，长期下来，很容易形成任性哭闹的习惯。所以教育孩子的时候，就要全家同步，以一种方式为准，其他人都别说什么。

哭和笑都是释放压力的自然而健康的方式，无论男孩还是女孩都是如此。为了孩子的心理健康，应该允许他们哭。但一旦察觉孩子是想以哭闹达到自己的目的的时候，就不应纵容，要及时制止，并加以引导。

克服男孩的恐惧心理

绝大多数孩子通常都对某些事物有恐惧心理，而且当别人取笑他们，告诉孩子感到害怕或被吓哭是不好的，或者直接说孩子是过度敏感时，孩子的恐惧会变得更强烈。恐惧通常来自未知的事物，比如很多成年人都会害怕黑暗。但是，孩子们的恐惧有时候是有真实原因的，如被人欺负或受到虐待。父母有责任知道何时应该保护孩子，何时应该在不过度保护的前提下帮助他们。

父母不要嘲笑、轻视、评判或忽视孩子的恐惧。同样，也不要夸大、过度保护或试图通过解释消除孩子的恐惧。要倾听孩子的诉说，让他告诉你他们在害怕什么。要认可孩子的感受，帮助孩子找到对付恐惧的办法，比如孩子怕黑不敢睡觉的时候，可以让他们自己选择对付恐惧的办法：是选择用手电筒、小台灯，还是自己喜爱的玩具。一味告诉他们别害怕是不起作用的，寻找合适的解决方法才能有所帮助。有时候，孩子们的恐惧是没来由的，并且他们也无法解释。他们或许需要你的支持和反复安慰，直到恐惧消失。

怕黑

男孩之所以怕黑，有的是因为要和父母分房间睡觉；有的是因为害怕黑夜中有怪物；还有的可能是孩子经历了精神创伤，表现为怕黑。父母应根据不同的原因采取不同的措施。如果孩子是因为和父母分房睡而怕黑，可以尽量采取循序渐进的方法，例如，逐渐缩短睡前陪伴孩子的时间，直到孩子适应。另外父母要经常告诉孩子，自己有多爱他，给他安全感。如果孩子因为想象而产生恐惧，“素材”往往来自电视，要尽量让孩子看内容和他的日常生活更接近的节目，临睡前尽量选择安静的活动，父母还可以对孩子解释，让孩子理解想象和现实的区别；如果孩子是因为生活变动而产生怕黑心理，父母应给予孩子更多的亲情关怀；如果是由于创伤性事件导致孩子经常恐惧，那就需要寻求专业人士进行心理辅导了。

怕生

一般来说，6个月大的孩子已经认识自己的妈妈了，并和妈妈建立起依恋的感情。到7个月左右，孩子不仅能识别陌生人，还会害怕陌生人，尤其害怕男性。其实，这种“怕生”的自然表现，也是孩子自我保护本能的一部分。遇到此种情况，父母不要让孩子总待在家里，应该经常带他外出，接触不同的环境、不同的人，给孩子创造接触更多人的机会。此外，父母也应尊重孩子的感受，不要强迫孩子和陌生人亲近，如被抱、被亲等，让孩子在他感觉安全的距离内和他人交往。

害怕陌生事物

有时孩子害怕的东西在成人看来并不值得怕，例如，一只会摇头唱歌的娃娃，甚至是妈妈戴了墨镜的样子。研究发现，完全熟悉和完全陌生的物品都不会让实验的动物感到害怕，但中等陌生程度的物品则会激起动物最大程度的恐惧。因为熟悉意味着安全，而完全陌生的事物，因为不了解，反而不被关注。但是，中等程度的陌生，既能被识别，又与以往的经验不同，最容易引发孩子的恐惧心理。

父母可以让一件事物从陌生逐渐变成熟悉，就不会让孩子害怕了，例如，将娃娃摆在房间里，让孩子逐渐熟悉，然后再让娃娃发出声音，孩子就不会害怕了。父母还可以主动示范玩娃娃，让孩子知道娃娃并不危险，孩子就会从父母的态度中消除害怕的心理。父母也不要强迫孩子去做他们害怕的事情，比如游泳或骑马。有些父母坚持让孩子做他们害怕的事情，造成了孩子一生都难以摆脱的恐惧感和强烈的无能感。

男孩喜欢虐待动物怎么办？

现在养宠物的家庭很多，猫猫狗狗很多时候都被当成了家庭里的一员，然而很多男孩总是喜欢虐待家里的小动物，比如踢家里的小猫，打小狗，把小鱼捞出来摔；或者在外面玩耍的时候，男孩会把抓到的蝌蚪、蚂蚁之类小动物踩死等等。父母总是很生气，可是就算把男孩打一顿，告诉他不应该虐待动物，第二天他还是照旧，会去打它们。很多父母都会觉得茫然，不知道该如何教男孩友好地对待小动物。

仔细观察男孩的行为

①看男孩是不是在释放压力。

从心理学上说，人类个体具有攻击和破坏的本能。当他遭遇心理压力和挫折时，就可能重新激发他的侵犯动机，出现攻击性，甚至找一个替罪羊发泄一番。男孩虐待小动物，很多时候往往并非出于恶意，而只是为了释放某种心理压力。比如在幼儿园被老师批评了，被同桌欺负了，等等，都有可能在不“告知”家长的情况下，把火气或是愤怒撒到小动物的身上。父母若是发现男孩的这类行为，一定要多和孩子交流，及时帮助孩子解决问题。同时要告诉孩子，有压力不能释放在没有过错的小动物身上，而是要主动先告诉爸爸妈妈。

②看男孩是不是把动物当玩具对待。

有些男孩在玩玩具的时候喜欢暴力打砸，或是模仿动画片中的打斗。可能在对待某些小动物时也是如此，他们把小动物当作玩具，踢或是打它们，如同在玩玩具一样。男孩的这种虐待行为是一种纯“恶”，这种心理其实每个人在成长的过程中多少都有一些，只不过大人更多会用社会的规则来约束这种恶行，而孩子们没有这种天然的规范与约束。孩子只是把这些小动物当成自己平时玩的“玩具”了，他并没有真的珍惜其生命。

很多孩子在童年阶段，还没有把小动物和日常自己手上拿的玩具区分开。因为孩子也经常赋予玩具“生命”，而当小动物这种有生命的“玩具”不听话时，孩子就很可能诉诸暴力——就好比一个奥特曼或是恐龙玩具，孩子既会和它们说话，但也可能突然把它们摔在地上或是打坏。男孩出现这种情形其实是很严重的，父母一定要及时纠正，既不能打骂，也不能放任。而是要在第一时间告诉男孩这样做是不对的，没有人有权利随意伤害或剥夺小动物的生命。

改善引发虐待行为的环境

①给男孩树立好榜样。

要防止或改善孩子的虐待行为，父母自己首先要对小动物充满爱心，善待动物，给孩子树立良好的榜样。因为3岁前的孩子模仿能力特别强，又缺乏判断是非的能力。只要身边有虐待小动物的“榜样”，就会模仿对方的行为，很容易就养成这种习惯。当发现孩子身边有这样虐待小动物的人时，尽量让孩子少接近，并要及时向孩子解释，让他明白这种行为不值得模仿。

值得注意的是，父母打孩子，这样的行为也容易导致孩子出现虐待动物的行为。父母对孩子发多大脾气，往往会转变为孩子对动物发多大脾气。

②及时发现并缓解男孩的心理压力。

孩子之所以出现虐待行为，如果不是有同样的虐待动物的模仿对象的话，那么很有可能是因为内心有压力。因此，父母要详细了解导致孩子产生这种行为的真正原因，然后针对孩子的情况进行心理疏导，尤其要注意平时多关心孩子，多陪伴孩子，给予他足够的温暖，帮助孩子解除心理压力。一旦压力通过合适的途径得到释放，他也就不会依靠这种虐待行为来缓解自身的心理压力了。

③提供机会和小动物亲密接触。

经常带男孩到动物园、海洋馆等地方玩耍，给他和小动物亲密接触的机会，让他了解小动物，发现小动物的诸多可爱之处，培养他和小动物之间的感情。如果条件允许，家里养小动物也是不错的选择，小猫、小狗、鱼等，全家人都充满爱心地对待这只小动物，让孩子也因此感受到这种关爱，并在照顾小动物的过程中增进他和小动物之间的感情。

输不起的男孩如何开导？

输不起的孩子如何开导，其实就是说如何面对好胜心强的孩子。男孩大约从3岁开始，会渐渐变得特别好胜，喜欢在任何有比较意义的活动或行为中胜出，一旦发现自己不占优势，就会在开始输的时候退出，就容易失望、生气、发脾气甚至作弊、撒泼耍赖，很难平复。或许有的父母会在玩游戏的时候特地让男孩赢，但是这样做真的能解决问题吗？男孩很容易输不起，这是特定年龄特有的心理现象，却常常成为让父母头疼的难题。

如何让男孩“输得起”，父母可以尝试以下技巧。

避免心理暗示，减缓孩子对“输”的焦虑情绪

男孩觉得输不起，部分原因是因为男孩自我意识已经发展到一定程度，喜欢在比较中确认自己的力量。很大部分原因还是因为家长不经意间给了他们这样的暗示：即孩子表现好了就高兴，表现不好了就不高兴，以成败论奖励。比如，男孩哪些方面比其他人做得好，就拼命表扬，而对于男孩弱势的地方，则有意无意地表现出失望，甚至无意中当面把男孩跟别人做比较，“你看人家XX跳得多高啊”“你看人家XX唱得多好啊”……长以此往，就会给男孩造成一定的错觉：爸爸妈妈只喜欢强大的我，如果输给了别人，他们可能就不喜欢我了。

因此，父母在日常生活中跟孩子互动时，一定要时刻反省自

己的行为，不要过分在意他们的输赢，否则就可能“造就”出一个输不起的孩子。家长甚至可以淡化对孩子成绩的反应，强化对其“输得起”的肯定。比如当孩子在有竞争或比较意义的活动中，如果他输了没有哭，父母可以表扬他“宝贝真棒！输了也不闹，不仅赢得起，还输得起，好样的！”。当然，父母对“输得起”的强化也不可滥用，以免矫枉过正，如果孩子一点竞争意识都没有，也未必是件好事。

多元鼓励，让孩子认识到失败了并非一无是处

如果男孩已经出现了“输不起”的习惯，父母正确的做法并不是禁止孩子竞争，而是让男孩明白失败了并不是一无是处。比如，男孩和其他人比赛跳远失败了，可以安慰他：“虽然你跳得没他远，但是你跳得比他高呢。”这样孩子就会逐渐明白，每个人都有自己的强项和弱项，自己不可能事事都比别人做得好，只要自己努力了，不论成败，自己都是父母最爱的那个小孩。

避免过度保护男孩

很多孩子在很小的时候就参加团队体育活动，并喜欢学习技能和玩游戏。他们很愿意成为团队的一员。当父母或教练过于关注输赢而不是游戏本身时，或者当孩子们被相互比较时，游戏的很多乐趣就消失了，而孩子也会想要放弃。不过，要避免过度保护男孩，要允许他在输的时候体验失望感，但是不能长篇大论地说教，或试图说服孩子相信他没有那种感受。要认可

孩子的感受："我能看出来你因为自己输了真的很失望，有这种感受没关系。"这有助于孩子认识到失望是生活的一部分，他能应付得了。他们能够在引导下考虑别人输了时的感受，以及输了也要有风度地对待别人。

男孩突然自我膨胀，不愿跟父母说话了怎么办？

随着孩子逐渐长大，可能以前不管做什么都要和父母唠唠叨叨半天的小孩，突然之间变成了大男孩，他对父母的问话表现得很没兴趣，甚至不想跟父母说话。父母总会很纠结，想着孩子是不是恨他们。其实，孩子大了开始有自己的想法，他不会恨父母，但是他很不喜欢父母审问他。在他看来，父母的日常关心和询问就是在探听他们的隐私，或是自己想做什么事情的时候怕父母不同意，等等。那么男孩不愿跟父母说话了，怎么办呢？

不责备，学会倾听

父母首先要明确，男孩的这种状况并不是在针对父母，只是成长过程中的一种正常的心理状态。此时父母不应该表现出太过强硬的"你为什么不跟我说话"的责备情绪，可以选择适当的时机，比如，吃过晚饭找个时间和男孩坐一起，聊聊日常。父母要学会倾听，试着去了解男孩的想法，对他所说的事情问一些问题，即使是自己不太了解的事情，也要让孩子看到你对他想谈的事情很感兴趣。或许在父母看来，男孩的很多想法比较幼稚，比较不成熟，也不要轻易发表任何否定孩子观点的言论，父母要做的只是闭紧嘴巴，竖起耳朵认真听孩子讲述，如学校里发生的事情，心里的小秘密等，这样既可以了解孩子的内心动向，还可以增进与孩子之间的感情。很多孩子不想和父母说话，是因为父母很快就会露出不赞同的表情，或者很快就开始说教。父母要学会闭上嘴巴听，试着将自己的回应限制为“嗯、哦、这样啊”，当孩子感受到有人倾听时，他会说得更多。

控制情绪，尊重孩子

父母要学会控制自己的情绪，与孩子交流时要注意自己说话的语气与方式方法，孩子们都很讨厌父母那种大喊大叫的口气，讨厌发号施令，在他们看来这是一种不被尊重的表现。父母与孩子说话时

尽可能地放缓语气，用对待大人的口气与孩子交流。也不要一味地指责孩子，否定孩子，遇到事情的时候先听听孩子的解释和想法。有些父母一听说孩子在外闯祸了，回到家就是一顿打骂，丝毫不给孩子解释的机会，总是认为自己听见的、看见的就是事情的真相，这样做往往容易导致孩子拒绝与父母沟通，甚至离家出走。

男孩会告状了，怎么面对？

随着孩子逐渐长大，或许突然有一天，父母就发现孩子喜欢告状了：有同学打他了，或者小朋友抢他玩具了，等等，经常是一天到晚没完没了，很多父母感到很烦躁，因为每天都要花时间来处理孩子告状带来的诸多问题。

其实，爱告状是3～6岁孩子的一种正常行为，说明孩子已经具备初步的是非判断能力。4～5岁是孩子告状的高峰期。孩子之所以告状，是因为他们缺乏解决自己的问题的技能。孩子常常会以自我为中心，总是觉得别人的做法是错误的，自然就产生了告状行为，希望通过告状来获得长辈的认同。孩子向长辈告状说明他内心有某种需求希望能够得到满足。如在与小朋友发生冲突时，被人欺负受了委屈，希望得到公正解决而求助于父母和长辈。孩子的这种告状行为，有时也与长辈过分溺爱、袒护有关系。父母不要对孩子告状感到恼火，而要将其视为一个教给孩子重要生活技能的机会。

父母要正视孩子的告状行为

面对孩子告状，父母既不可简单粗暴，也不能放任自流。切不可嫌孩子的告状行为很烦，这种态度容易伤害到孩子的自尊，尤其是真正受了委屈的、有苦水向父母倒的孩子。要知道，喜欢告状是每个人成长过程中都会经历的事情。当孩子再大一点的时候，父母可能希望他们多告诉自己一些他们生活中的事情，而现在正是让他们知道你对他们关切的事情很感兴趣的时候，并会帮助他们学习技能，而不是贬低他们或者转身离开。

让孩子自己解决

当孩子与小伙伴之间产生一些小冲突或摩擦时，尽量让他们自己正确面对，合理解决。有时家长适当做观众看孩子如何化解矛盾未必不是一件好事。金无足赤，人无完人。每个人都有优点，也有缺点，有时也难免会做错事，与人发生摩擦。孩子之间的事情，除非实在是闹得不可开交，父母不参与、不掺和最好，要正确引导孩子自己化解与小伙伴的摩擦，不要轻易就找父母寻求帮助。

及时安抚孩子

对于一些比较严重的问题，家长要及时给予安抚，并适时与对方家长沟通交换意见，但一般情况下最好不要为难孩子的伙伴，有时候各打五十大板或许是最好的处理办法。父母要引导孩子养成自律的习惯，凡事多在自己身上找原因，少责怪别人，多关心伙伴。如果孩子确实因为受了委屈而告状，无论情况如何父母都要尊重孩子的感受，认真倾听孩子的心声，给予孩子必要的安慰，然后与孩子一起讨论解决问题的最佳方法和途径，让孩子在分享的过程中不断成长。久而久之，孩子告状的现象自然就会慢慢减少乃至消失。

男孩太害羞了，见到陌生人不敢说话怎么办？

很多父母都会遇到这样的情况，随着男孩逐渐长大，小时那个天不怕地不怕、又调皮又捣蛋的男孩突然变得“害羞”了，只要有人跟他说话，他就会躲在父母身后，还不愿意回答别人。男孩这么害羞，父母该怎么办呢？

不要轻易给男孩贴上“害羞”的标签

有些人认为孩子天生就害羞。当孩子行为内向时，就可能被贴上害羞的标签。孩子们常常很容易就接受了别人给他们贴的标签，并且会用这些标签来寻求过度关注。当然，害羞还可能是你的男孩想达到一个目的的下意识的行为。害羞的男孩可能有一个外向、交往能力强的兄弟姐妹，这个害羞的孩子可能在下意识中决定自己不得不找到其他方法来得到在家中的归属感。如果父母给一个孩子贴上“害羞”的标签，你可能是在宣判他一辈子都是一个害羞的人，这可能会造成更严重后果，包括男孩会变得更孤独、不合群以及害怕尝试任何新东西的状况。

理解男孩“害羞”的行为

跟别人介绍自家的男孩或者当男孩拒绝回答别人时，不要说他“害羞”，不要有意无意地让他觉得自己是“害羞”的孩子，从而为自己所有的行为找到了理所当然的借口。有时候，男孩这种“害羞”也是好事，当他们想尝试新事物，发现一种新的状况，觉得自己不想和别人交往，或是感觉被强迫的时候，要允许他们谨慎对待这些新情况。不要给他们贴标签，这正是他们学习判断和思考的时候。此时请不要替他们回答问题，也不要试图哄他们开口，你只需要继续做自己的事，并相信孩子在准备好之后会加入。

减少问题的发生

要让你的男孩知道，内向的人和外向的人拥有同样多的优势，他们只是有不同的优势而已。要和男孩讨论他的行为，耐心询问他这样做的原因，或许男孩觉得这是在玩游戏，或者只是不希望别人打扰他。如果男孩不希望别人打扰他，可以让他直接说出来：我现在不想回答问题。在孩子还没有准备好时，千万不要试图强迫他们在亲戚朋友面前表演，比如唱歌、跳舞、演奏乐器等，父母或许只是想展示下自己所谓的“教育成果”，但对有些孩子而言会非常糟糕，他们根本就不想这样做。

如果父母处理好男孩“害羞”这件事，让男孩们能够按照自己感觉舒服的方式行事，而不会被贴上标签或被强迫去做他们不想做的事，他们就能学会说出自己想要的，而不是期待着别人会读心术，去猜到他们的想法。要让男孩们意识到，有些人选择了一种安静、内向的生活方式，我们需要接受并尊重不同的生活方式。

注意别让男孩成为“电视儿童”

孩子看电视太多不仅会影响视力发育，还有碍身心健康。现在很多父母上班时，将孩子交给爷爷奶奶或是外公外婆带，很多时候打开电视就能让孩子乖乖听话，不吵不闹，吃饭时也很乖，老人还能安心做家务。这么看来，电视似乎成了照顾孩子的好帮手呢。但事实真的是这样吗？幼儿看电视时间过长已是国内许多家庭的普遍问题，有些幼儿每天观看电视甚至超过3小时，连吃饭时也要看电视。这是因为父母或照顾者将“看电视”当作哄孩子的手段，却忽略了这个习惯将严重阻碍孩子的身心成长。

虽然，电视并非洪水猛兽，但父母需要根据孩子的年龄阶段，对孩子观看电视的时间和内容做出有效管理。对正处于身体、心理和智力发展关键时期的6岁以下的幼儿而言，过长时间观看电视或观看内容不当的节目将阻碍或延迟孩子的身心健康发展，甚至导致孩子出现心理问题，如社交畏缩、成瘾行为。

正视电视对孩子的不利发展

①影响孩子心理发展。一般父母会注意到过度看电视会导致孩子视力下降的问题，但实际上它的负面影响要远远超过这些。在生理层面，它容易引发头痛、眼睛酸痛、食欲不振、容易倦怠、姿势不良、睡眠时间不规律等问题。在心理发展层面，则可能造成认知、情感、关系和行为发展上的一系列问题。

②使孩子思维发展迟缓。也许父母会认为孩子看电视可以获得许多知识，其实孩子看电视时是在短时间内接收大量信息，他根本没有在动脑筋思考，只是被动接收信息，何况这些信息大都是“垃圾”，长此以往，孩子将逐渐失去主动思考的机会和能力。看电视不同于你讲故事给他听、陪他看图画书、带他接触大自然，这样他能获得启发，有时间去思考接触到的东西。

另外，“电视儿童”也较缺乏抽象思考能力。看电视得到的仅止于感官或直接的知识，没有机会去做概念、判断、分析或推理的思维活动，而这些能力可以在你和孩子下棋、搭积木、讲故事、玩数字游戏里得到锻炼。有研究指出，“电视儿童”的语言发展会较为迟缓，一是他接收到的生活词汇较少，另一个是看电视减少了他和家人的交流时间。此外，过度沉迷电视容易降低他对其他事物的兴趣，从而导致注意力不集中、觉察能力不够，阻碍其智能发展。

③孩子的情绪相对较为低落。长时间看电视阻碍幼儿的情绪

和情感发展。幼儿缺乏分辨好坏和是非的能力，都是通过模仿来学习的，动漫或戏剧人物极为夸张的表情和不合理甚至是歇斯底里的情绪反应，如大哭、愤怒、攻击、报复等，这种负面情绪行为的传播，也会影响到孩子。

“电视儿童”可能像网瘾少年，容易变得焦躁、易怒、没耐心，尤其在他不看电视或被禁止看电视时。这些情绪可能来自于电视画面的快速变换，许多事物或情节都能在动画里很快感受到。另外，他因看电视，减少了与现实世界情感交流的时间，在确定和表达自己的情绪感受和相应的情绪变化上比较迟缓，未来极可能出现情绪障碍，如情绪压抑、对人冷漠、缺乏情感反应等。

④孩子性格容易变得孤僻。“电视孤独症”最近成为社会关注的问题，较常发生在3～7岁的幼童身上，这样的孩子总是长时间看电视，无法离开电视，对周围事物漠不关心，对玩具也不感兴趣，不喜欢接触小朋友，不看电视时会出现明显焦虑。这些孩子未来在社会适应、人际交往或生活能力上都将出现严重困扰或问题。

当父母习惯把孩子交给电视“照顾”，孩子和成人或同伴互动交流的机会自然变少，无法获得父母或照顾者的关注和温暖。他会不知道如何和人相处互动，缺乏社交能力，甚至变得孤僻、不合群、沉默、不爱与人交往，对人有较强的抗拒心理，产生敌对情绪或出现攻击行为。幼儿正处于开始社会化的阶段，需要更多时间和人交谈、游戏、活动，与人建立关系和获得情感，而不是将他交给电视。

⑤养成孩子不良生活习惯。幼儿长时间久坐看电视，势必缺乏身体活动和运动的机会，不仅影响身体的发育和协调力，操作能力也会下降，如拿握东西、组合玩具。过度静态的生活，如幼儿一天看电视多达2小时或以上，将逐渐形成沉迷或成瘾行为，电视儿童也较缺乏自我控制能力、抗压能力较低，未来也较容易染上其他容易成瘾行为，如网络成瘾、物质成瘾（如抽烟、酗酒或毒品）或赌博成瘾。立竿见影的负面影响，是孩子开始形成不良生活习惯，如要边看电视边吃饭。另外，幼儿容易混淆电视里的虚构世界和现实世界，他会模仿电视动漫角色的行为，如跳上跳下、恶作剧，或做出有攻击性的行为，就如有些青少年沉迷网络暴力游戏并迁移到现实生活，变得易怒、失控和暴力一样。

努力不要让孩子成为“电视儿童”

孩子会成为“电视儿童”不是孩子的错，而是父母或照顾者的问题和责任。

①要陪伴孩子发展多元且有益的兴趣活动，如打球、跑步、听音乐或故事、阅读图画或故事书、组合操作玩具、观察大自然等，而不是无聊到只有看电视。

②要掌控孩子看电视的时间，教育专家大都不建议2岁以下的孩子看电视，孩子3～6岁时以每天不超过1小时、每次不超过30分钟为宜。

③要为孩子慎选节目，尽量能陪同孩子观看而不是让他独自观看，你可以和孩子在观看中或结束后做简要讨论。

④你可以播放对孩子有帮助的科学探索、生活教育等内容，来替代不良节目。

⑤妥善安排孩子每天的生活作息，什么时间做什么活动，父母要和协助照顾的长辈或保姆取得共识，并保持一致。

⑥父母或照顾者要做出良好示范，如果家中大人长时间看电视，孩子也会跟着看。

⑦要避免用看电视或玩电脑游戏作为奖励或利诱手段，如乖乖吃饭就能看电视。

莫让孩子形成“手机依赖症”

孩子长期玩手机，对眼睛、脊椎伤害很大，还不利于孩子的心理健康，长期使用手机还有可能导致抑郁症。对此，父母应该要做一些事情了。

父母应做好榜样

父母在孩子面前不要老是拿着手机玩，更不要边照顾孩子边玩手机，时间久了孩子肯定会受父母的影响，喜欢上玩手机。因此，为了避免孩子出现手机依赖症，父母要做好榜样。

多花时间陪伴孩子

孩子在成长过程中最不能缺少的就是父母的陪伴，然而很多父母因为工作等原因很少有时间陪孩子，这种情况会造成孩子长大后性格的缺陷，也会让孩子养成很多不良习惯，严重影响孩子的健康成长。孩子由于长期缺乏父母的陪伴，便会把感情寄托于手机等电子产品上，时间久了便会出现手机依赖的情况。所以父母一定要多花时间陪伴孩子，给他们更多的关爱，让他们不会感到被冷落。

严格规定孩子玩手机的时间

不建议父母禁止孩子玩手机，这可能会让孩子产生逆反心理。父母可以和孩子规定好玩手机的时间段、玩手机的内容等事项，同时建立奖罚制度，当孩子遵守时给予奖励，否则对他做出一定的惩罚。约定好的时长不仅可以让孩子和你有更多的交流，更多的时间去学习和运动，而且孩子会觉得你的处理方式很好，既可以自己玩手机，同时也不会让家长生气。

经常和孩子沟通交流

孩子玩手机并不一定都是为了玩，可能是为了学习，也可能是为了查找资料，或者其他原因。当孩子开始喜欢玩手机时，父母要先搞清楚孩子的目的，然后进行合理的引导，只要是对孩子有益，父母就可以允许他玩手机。父母可以经常问问孩子上网都看什么内容，比如新闻、篮球、社交等，你可以了解到孩子的最近动态，在一些熟悉的话题上还可以深入地探讨，在辩论和争执中，产生共鸣，这样他以后还会主动找你交流，让你知道他内心的真实想法。父母不仅是孩子的老师，更是益友！

为孩子安排丰富的娱乐活动

很多孩子之所以养成手机依赖症，很大一部分原因是没有事可干。所以为了避免孩子养成手机依赖症，父母要多为孩子安排丰富的活动，可以带孩子去游乐场、旅游、参加体育运动等，或者买一些孩子喜欢的有意义的书籍让他学习，激发起他强大的好奇心和培养他独立自主的爱好，相信他渐渐的就会脱离对手机的依赖，毕竟兴趣才是最大的动力。这样不仅可以丰富孩子的童年生活，还可以增长孩子的见识，更重要的是让孩

子没有更多时间去玩手机。

孩子长期玩手机对身体的伤害很大，作为父母不要总是因为工作忙就不管不顾，正确地引导孩子生活学习，才不会让他们成为手机的“奴隶”。

男孩突然脏话连篇，打骂管用吗?

所有父母都希望自己的孩子听话懂事讲礼貌，然而现在骂人和说脏话的现象在生活中的很多场合普遍存在。父母也许说了脏话，自己都没注意到，而孩子可能会照搬他们甚至不理解的一些话，因为他们“感觉”到了这些话的影响力而去模仿。孩子有时脏话连篇，对父母来说，可不是打骂就能解决的问题。

判断孩子是否真正说脏话

其实每个孩子生下来都是一张白纸，父母怎么教育，就有什么样的成果。或许有些人觉得孩子说脏话还挺可爱，这真是大错特错。大人要有是非分辨能力，孩子可能刚开始并不知道这是不好听的词语，父母要耐心询问他怎么学会的，了解以后再告诉孩子，这个词并不好，让别人听了会生气或者不舒服，而且很没有礼貌！在没有调查了解的时候，也别一听到孩子说脏话就打骂孩子，因为他也许根本不懂得这是一句玩笑话还是脏话。

不要过度关注孩子说脏话

孩子们特别会察言观色，是个交际小能手。很多时候父母根本不是孩子的对手，在孩子面前容易绷不住。在孩子说脏话之后，父母假装生气去批评，可能只是一个眼神的闪躲，孩子就能看出来父母的心思，逗逗父母，父母就笑了。时间长了，孩子就会有一套自己的办法，根本不害怕，反而还会觉得很好玩。所以在孩子刚说脏话的时候，先不要过分关注，说过去可能就忘了。有时候，对脏话置之不理，就足以让它在变成一种习惯之前消失。

让孩子学会控制和找方式发泄

很多孩子在吵架或者生气的时候就会骂人、说脏话，只是觉得说脏话会让自己的情绪得到宣泄，让自己感觉到放松。其实在这个时候，父母要做的就是先让孩子学会控制自己的情绪，要让孩子学会宽容别人。如果担心孩子憋着难受的话，可以让孩子发泄出来，比如在不影响别人的情况下大喊几声，或者去做个运动。

换一种方式

父母不要期待只尝试一次就能解决孩子说脏话的问题，要一次又一次地尝试，再尝试。对于3～5岁的孩子，可以跟他说“让我们把这个词换成××”。如果父母能给孩子提供一些听上去很有趣的选择，比如真见鬼、该死、无赖、胡说或幼稚，孩子们很有可能会按照你说的去做。

给孩子一个良好的环境

有一些父母说脏话比较严重，可能自己感觉不出来，经常带着一些“口头禅”。对于孩子来说，他们虽然不懂，但是在不断地模仿中成长，渐渐的，可能也就会说脏话了。所以作为父母，一定要给孩子树立一个好的榜样，让孩子在一个良好的环境中成长。还有一些孩子在没有上幼儿园之前还是比较乖的，在上了幼儿园之后，就变得总是说脏话，而且特别溜，这个时候就要和老师好好地沟通一下了，让老师来起到一个引导作用，使小朋友们不再说脏话。

父母或许并没有刻意教孩子怎么说话，怎么做事，但父母的言行举止都会影响孩子，孩子会在模仿中学习。比如“靠”这个词，很多时候只是表示一个惊叹的语气，其实很难界定是不是脏话，但在某些场合和某些语境下，它就是脏话，然而孩子没有区分场合与语境的能力，他们的理解还与成人不同。所以，对于这样的词，我们最好不用，或者换成其他更好的词来表达，这样有利于孩子的成长。

认真识别男孩的谎言

孩子的撒谎行为非常普遍，大部分孩子都有撒谎行为，并且不止一次出现。美国加州心理学家切尔西•海斯和莱斯利•卡佛经过长期观察发现：有25%的2岁孩子已经会撒谎；3岁孩子中有50%会撒谎；4岁孩子撒谎的比例甚至达到了90%；10岁以上的孩子撒谎比例也有70%。

2～5岁的孩子常常一本正经地胡说八道，但总是错漏百出。例如：奶奶刚给她买了一条裙子，她可能会说是妈妈买的；如果孩子迫切地希望自己有一辆玩具火车，他可能会煞有介事地跟小伙伴“吹嘘”他有一辆炫酷的玩具火车……这些谎言，父母们一听就知道孩子在撒谎。

当孩子到了6岁后，父母常常不能分辨孩子是否在撒谎。例如：一位妈妈让孩子去洗手，孩子回来后妈妈发现孩子手指干爽，但孩子说洗完擦干了，让人无法反驳；爸爸让孩子喝药，但孩子笑眯眯地从厨房出来时，爸爸发现他的嘴巴没有一点药味，孩子说喝了很多水……这些现象常常让无数父母抓狂。

当父母发现孩子有撒谎行为，该第一时间看看孩子身边是否有大人或小玩伴有撒谎行为——经常被骗的孩子更爱撒谎。而在日常生活中，父母常常在“骗”孩子，尽管很多人认为这是爱的一种教育方式：当孩子乱跑时，大人会说“乱跑会被保安叔叔抓走”；当孩子不爱吃饭时，大人会说“不吃饭就把你丢街上”；当孩子不穿衣服时，大人会说“不穿衣服以后也别穿”；当孩子哭闹时，大人会说“再哭就不要你了”……看看孩子曾经遭遇的这些，就不难弄明白为什么孩子爱撒谎了，孩子们总是能学会看到的行为。

无论孩子是因为模仿还是其他的原因，别把撒谎的孩子当成坏孩子。因为孩子是在模仿大人或他人的行为，他们在一开始时并没有道德判断，所以别人那样做，他们也那样做了。而因为其他原因撒谎的孩子，如果被直接贴了“坏孩子”的标签，会让孩子感觉沮丧和无助，也不利于孩子纠正撒谎行为。

在孩子心中建立道德标准

当孩子一本正经地跟其他小朋友瞎吹说奥特曼是他的好朋友，混淆了现实和想象，父母是不需要理会的；但是当父母发现孩子撒谎是有目的性的，比如为了避免惩罚，那么就要重视了。从发现孩子撒谎行为的第一时间，家长要明确告诉孩子：撒谎是错误的、不道德的行为。让孩子在心中建立清晰的道德标准。越年幼的孩子越分不清对错，父母的教导和提醒尤其重要。所以，当孩子处于撒谎阶段，通常也是给孩子建立道德规范的最佳阶段。

改变对孩子的提问方式

别再问会招致孩子撒谎的圈套式问题，是指父母已经知道答案的问题。比如，父母问孩子“你打扫自己的房间了吗?”——很明显，撒谎的孩子肯定会说“已经打扫了”。这样解决不了任何问题，打骂和更多的谎言或许就是这样产生的。此时父母可以问：“我注意到你还没有打扫自己的房间。你愿意制订一个打扫计划吗?”——让孩子不能再逃避问题。

父母要专注于解决办法，而不是责备孩子为什么不做这个不做那个，还爱撒谎。比如，让孩子做家务的时候，不要直接问“你做完家务活了吗？”而要说“我们怎样才能完成这些家务活呢？”。

适当的规则和惩罚措施

父母要给孩子建立清晰的规则和奖励措施：如果撒谎了，将得到什么惩罚；如果表现诚实，将得到什么奖励。从一开始便给孩子说明清晰的规则，有利于减少孩子的撒谎行为。并且明确的规则有利于孩子遵守，因为孩子们很少有第一次就能弄懂规则的，有时需要重复多次。

惩罚虽然能抑制孩子的撒谎行为，但不能过于严厉，这会让孩子对父母失去信任感。并且，惩罚了这次，孩子下次可能会为了避免惩罚而撒更多的谎，看看那些由于撒谎而经常被打骂的孩子，他们的撒谎行为可是屡教不改的。

父母可以日常记录孩子的良好行为与不良行为，并且用分数表示。当孩子认真做家务后可以得10分，细心清洗玩具后得10分，如果有撒谎行为时扣20分，属于精神惩罚。每当分数凑到100分时，父母可以适当给予孩子精神上或物质上的奖励。

男孩喜欢攀比该怎么引导？

现在人们的生活条件越来越好，孩子之间的盲目攀比之风也越来越盛行，很多孩子总是爱相互攀比。孩子们会比谁的衣服漂亮、比谁的玩具好玩，甚至比谁的声音大。由于天真幼稚，在孩子心目中，自己什么都要比别人强，也要比别人好，加上模仿能力强，也很容易受到成人，特别是父母的教育观念、价值取向的影响。其实，儿童讲虚荣、爱攀比多数是受父母影响，所以家长在家庭教育中应及时培养孩子正确的价值观。

孩子一味要求得到别人有的东西，盲目进行攀比时，家长可以鼓励孩子通过一定的努力或劳动来获得，让孩子切身体会满足攀比欲望所需要付出的代价。在父母积极的生活态度和及时地引导下，孩子虚荣、攀比的坏毛病会很容易改掉的。

区分“想要”和“需要”

对诱惑“免疫力”比较低的男孩常常向家长要这要那。面对孩子的要求，做父母的如何分清哪些是合理要求，哪些是过分要求呢？10岁的儿子要求爸爸为他买一个新手机，爸爸问他：“你是‘想要’，还是‘需要’这个手机呢？”“我想要。”孩子回答。“对不起，你‘想要’但不‘需要’的物品，我不能满足你。”

听爸爸这样一说，儿子马上改口：“我需要。”

“你为什么需要呢？”

“因为隔壁小轩有一个，我想要一个同款的。”儿子的声音明显小了许多。

“儿子，如果你说你学习要用一本字典，或者生活中必须要用某一件物品，爸爸会高兴地去给你买。但是，你想要的物品，往往是你的虚荣心在驱使你这样做。爸爸不能助长你的虚荣心，所以不会满足你的这种要求。你能听明白吗？”爸爸一本正经地给儿子讲道理。儿子虽然很不高兴，仍然点了点头。

几岁到十几岁的男孩，虚荣心很强。由于好奇和攀比的心理，他往往会向家长要求很多。这时，家长一定要分析孩子是“想要”还是“需要”，并给他讲明这个道理，才能既不伤害孩子的自尊，又不助长他的虚荣心。同时，还能帮助孩子有效地抵抗诱惑。

对孩子的过分要求采取冷处理

男孩：“妈妈，你给我买个新书包吧。”妈妈：“不是刚买了书包吗？怎么又要买？”男孩：“我的书包不好，现在有一款新书包，能起到保健的功能，我们班有好几个同学有呢。一个书包有多种功能，多好呀，你就给我买一个吧。”面对男孩的唠叨，这位妈妈不予理睬，继续忙自己的家务。看妈妈不为自己的要求所动，这小家伙一会儿就把买新书包的事情忘记了。

面对男孩的过分要求，做父母的千万不可轻易满足他，否则只会助长他的虚荣心，降低孩子对诱惑的抵抗力。当孩子提出某些要求时，父母可以先了解孩子想购买该物品的动机，如果孩子只是想显示自己或与别的同学攀比，这时，父母可以对孩子的要求采取冷处理。即对他的要求不做任何回答，给他几天冷静期，等他确定这个物品是否真的需要后，再和他一起讨论是否需要购买。即便父母的观点他不能完全接受，他也不会再轻易再向父母提出过分要求。父母也可借此机会对他进行深入教育，告诉他，其实他花的每一分钱都来之不易。当男孩明白了这些时，他对诱惑的抵抗力就会提升一大截。

及时给男孩打攀比的“预防针”

有时候男孩会问父母这样一个问题：“爸爸（妈妈），你每个月的薪水是多少呀？”也许他只是随便问问，但是，父母却要警惕孩子因此去与别的孩子进行攀比。这时，做父母的应该怎样回答呢？也许很多父母会如实回答，也许有些父母会告诉孩子，“这不关你的事，别问”，“问别人的薪水是不礼貌的行为”。但这些都不是最合适的回答。

父母可以这样告诉孩子：儿子，在回答你这个问题之前，我先告诉你，在这个世界上，有很多人比我们穷，也有很多人比

我们更富有。虽然我们家的生活水平比一般的家庭要好一些，但是爸爸妈妈还有你都要继续努力工作、努力学习，那样我们就会迈向更有质量的生活。

这么回答就告诉了孩子：比我们富有的人很多，只有通过努力学习、努力工作才能追上他们。这样给孩子打一支“预防针”，即使孩子问这个问题的目的是去和别人攀比，听了父母这样的回答，他也不会再去比了。这个回答还告诉孩子，虽然我们的家庭不是非常富有，但比一般的家庭要好，这样会使孩子因生活在这样的家庭里而感到自豪，同时强化了孩子的家庭责任感。

在孩子成长过程中会面临许多诱惑，家长需要正确对待孩子的攀比心理，及时引导，与之平等讨论，辨析利害关系，才能让男孩子形成积极健康、远离盲目攀比的价值观，这是有益终身的事情。

男孩突然爱玩自己的“小鸡鸡”，怎么回事？

在孩子成长过程中，有的妈妈突然发现孩子喜欢抓自己的“小鸡鸡”，往往嘻嘻哈哈一笑而过，也没把它当成什么问题。可有的妈妈却发现，孩子经常抓“小鸡鸡”，孩子的“小鸡鸡”都被抓红了，撒尿时还哭，看到孩子难受，当妈妈的也揪心。

男孩爱抓“小鸡鸡”，这不是一种好游戏，父母应该引起重视。青春期的男孩有手淫现象，可以说是男孩自己主动的选择，从性生理、性心理的成长、发育角度，都能对这种现象做出科学的解释。但小孩子特别是婴幼儿爱抓“小鸡鸡”，很难说这是他的“主动”选择，因为无法根据这个现象，寻找到生理、心理原因。只能说这是一种不良习惯，是极不卫生的，容易引起病变，父母们不能听之任之。

及早预防男孩的行为

男孩抚弄“小鸡鸡”，没有必然性，是一种养成性的模仿行为，是某种养育环境造成的。这种行为本身不是病态，是模仿，是游戏。但模仿、游戏的结果，往往会出现病症，所以父母一定要及早预防孩子的这种行为。

有的家里生了个男孩，爸爸妈妈、爷爷奶奶、外公外婆、亲朋好友，都喜欢拿男孩的“小鸡鸡”开玩笑，尤其是爸爸这一边的亲戚朋友，看到大胖小子，更喜欢做出揪孩子“小鸡鸡”的动作，有的人干脆就真的去揪一下。太多人把注意力放在了男孩的“小鸡鸡”上，慢慢地，会使孩子自己形成一种印象：人人都喜欢我的“小鸡鸡”。有了这样的印象，孩子就无比单纯地开始了模仿大人的游戏：主动揪“小鸡鸡”给大家看，家人、亲戚朋友都高兴，拍手的、鼓掌的、亲一亲的，如此便更强化了孩子抓“小鸡鸡”这种不良行为。而这种行为正是大人无意间培养出来的。

孩子只要到了能控制尿便的年纪，就可以而且应该停穿开裆裤了。穿完裆裤，不仅利于保护幼儿生殖器健康，也减少了周围人逗弄孩子“小鸡鸡”的机会。偶尔遇到亲戚朋友逗弄孩子“小鸡鸡”，最好把孩子暂时抱开，不加理会。

辨别引发男孩行为的因素

有时候，男孩抓“小鸡鸡”只是因为“小鸡鸡”痒，孩子想通过挠抓来缓解痒的感觉。遇到这种情况，父母要给宝宝每日清洗生殖器，观察一下看有没有红肿的情况，如果有就表示“小鸡鸡”生病了，要带孩子到医院去治疗。

有时候，男孩抓“小鸡鸡”只是因为无聊，这种情况的孩子比较多，闲着没事，摸“小鸡鸡”好像变成了一种习惯。此时父母要帮助孩子分散注意力，让孩子有事可忙，慢慢就会忘记抓了。

2～4岁的孩子，处于一个性心理发展的特殊阶段，这个阶段心理学上称为性蕾期。在性蕾期，孩子的性心理有四个特点：①性好奇。当宝贝开始意识到有男女性别的不同之后，可能会产生好奇心，很想看异性的生殖器到底是怎样的。②性骄傲。当男孩发现自己有一个“小鸡鸡”而女孩没有时，有些男孩会有意在大人面前“炫耀”，如在亲友面前把小便射得高高的，以骄傲地显示自己有个“小鸡鸡”。③幼儿手淫。孩子开始对自己的生殖器产生很大的兴趣，并在玩弄生殖器中获得快感，造成手淫习惯。④性别认同。随着对性的好奇，孩子这时候对自己的性别角色开始有了意识。父母应明确告诉男孩，长大后会像爸爸一样是男人；告诉女孩，长大后会像妈妈一样是女人。

及时纠正孩子的行为

①父母要丰富孩子的日常活动，使之多样化、趣味化，注意培养孩子的多样爱好，让孩子把心思和精力都用在他所感兴趣的活动上，如绘画、玩智力游戏等，从而减少玩“小鸡鸡”的行为。②孩子的内衣内裤应宽松些，不要让孩子从事有可能刺激性感区的活动，如爬树、抱枕头等。③当父母发现孩子与孩子之间有互相观看、相互触摸等性游戏时，应及时加以阻止，但要注意方法，不要训斥、打骂，而要说明道理，正确引导。④用科学名词解释男女的生殖器，并告诉孩子如何保护它，不能随便玩弄。每次回答孩子的这些问题时，不要超过孩子的好奇范围和理解能力，就具体问题回答，不要过深过细，应当通俗易懂，充满自信。⑤对于年龄稍大的孩子，父母可以适当地传授一些孕产生育的常识，在平时谈话中多加引导，可运用故事、比喻等方式来说明生育、恋爱等方面的现象。

总之，父母不必太担心孩子的这种行为。但是父母对孩子摸生殖器的不当反应会对宝宝造成很大的伤害。如果孩子被父母弄得觉得探索自己的身体是罪恶的，或者感到他做的事是肮脏的、下流的，他可能以后会把性或愉快的感觉跟罪恶和耻辱联系起来。因此，父母一定要处理妥当。

男孩出现“偷窃”的坏毛病，如何纠正？

有些孩子，不懂什么叫偷窃，只要自己感兴趣的东西就要据为已有，尽管有些东西对他们来说毫无使用价值，也仍然照拿不误。他们把幼儿园的东西或别人家里的东西带回家里，或者悄悄把商店货架上的东西拿走，等等。这是由于他们自控能力差，并且缺乏“物品归谁有”的概念，因此，还不能称他们的上述行为是“偷窃”。

5～6岁的孩子在自我意识方面有了很大的发展，他们不太满足于自己的思想和行为完全受爸爸妈妈的掌控，于是想自己保有一个秘密，而当他们选择了不恰当的方式时，不良行为可能就会出现。从朋友家里偷一件小东西，计划、实施和完成这种“挑战”有时会让他们费些心机，不像3岁的孩子可能只在一秒钟形成的冲动。而且5～6岁的孩子逐渐出现了攀比心理，当看到和他要好的朋友都拥有某件玩具而他没有时，心里会不好受。再加上各种形式的商业广告的影响，拥有新潮玩具似乎是生活的必需，“偷”这种看起来简单和直接的方式，能够让孩子成为潮流中的一员。

偷东西的行为大多发生在孩子幼年时，大多数孩子并不清楚偷盗这种行为的卑劣之处。因此，父母要注意在这方面进行正确的引导和教育。千万不要让孩子养成“偷窃”的习惯，以免贻害终生。

冷静面对，问清原因

孩子发生偷拿行为之后，父母最先要做的是控制自己的情绪，先冷静两分钟。在自己情绪不再冲动的状态下，再与孩子正确地交流，了解孩子偷拿东西的原因。千万不可当着他人的面训斥孩子，以免使孩子产生羞辱感。孩子产生偷拿行为的原因各式各样，一定要准确了解孩子偷拿行为背后的因由，才有可能真正地引导和教育孩子。除了与孩子谈话，听孩子说出理由以外，还要根据孩子的实际情况，判断孩子说出的理由是表面的还是深层的。因为孩子年龄小，往往说出的理由是表面的，甚至说不出来什么正当的理由，作为父母，这时候一定要自己去分析孩子偷拿的原因是什么。

给孩子强化“所有权”的观念

一般来说，儿童到了2～3岁的时候，应该懂得所有权的概念。建议家长专门教授孩子所有权的概念，并能尊重孩子的所有权，加深他们的所有权意识。教育他们懂得公私之分的道理，比如给孩子一个专用的箱子，放他们自己的玩具、书本等，父母用他们的东西时，也要先征得他们的同意才能拿走。生活中给一些物品贴上标签，让孩子知道哪些东西是他的，哪些东西不属于他，拿之前要先打声招呼。

让孩子自己处理问题

如果孩子偷了东西，要思考如何把东西还回去或用钱进行补偿，而不是指责或责骂孩子。要告诉孩子，偷来的东西必须还回去，并且你需要他的帮助想出一个归还的计划。如果需要，可以先借给孩子一笔钱进行补偿。要制订一个他能承受的还钱计划，并每周从他的零花钱里扣除。要保存一份还款记录，以便孩子能看到自己做得怎么样。

适当给孩子零花钱

对学龄儿童，父母可以每周给予适当的零花钱。同时也要教育并教会孩子怎样合理计划使用自己的零花钱，但不要粗暴地参与孩子的零花钱使用。让孩子通过对自己零花钱的管理学会怎样理财和合理预算规划使用零花钱，并购买自己喜欢的玩具、用品等。同时也要教会孩子控制自己见什么要什么的欲望。

父母的榜样作用

孩子的模仿能力强，他们模仿的对象首先是父母，因此，父母首先要严于律己，不贪小便宜，不随便拿别人的东西。如果发现孩子把别人的东西拿回家，应该耐心教育，让孩子归还，并且告诉孩子不是自己的东西不应该拿。一旦发现了孩子的“偷窃”行为，不要大声训斥，严厉惩罚，更不要把他的行为公之于众。要与他交谈但切勿说出“偷”字，不要让孩子对他所犯的错误产生不恰当的犯罪感。

建立良好的亲子关系

及时满足孩子的情感需要，对3岁以内的孩子，父母尽量不要与其长时间分离，使孩子有被抛弃、受冷落的感觉。长期分离，会使孩子因为情感上得不到满足而导致焦虑、孤僻。孩子为了满足自己的情感需要，会在不知不觉中发生偷拿行为。确实因工作困难需要与孩子分离时，父母尤其是母亲，要经常回家探望孩子，或通过电话、视频等现代化手段与孩子多联系、多沟通，增加感情的交流，减轻孩子的焦虑不安和孤独感。

其实，绝大多数孩子都至少偷过一次东西(绝大多数成年人在小时候也偷过)。当孩子偷东西时，大多数父母会过度反应，在惊慌中，父母会指责孩子是小偷或者骗子。父母往往会因此而错误地打孩子、禁足或羞辱孩子，认为这样会阻止孩子长大后成为小偷。但是，评判和惩罚孩子，只会使情况更糟糕。处理偷窃行为可以为父母提供一个机会，帮助孩子建立思考能力、社会责任感，并思考互相尊重的解决方案。

什么事都喜欢找借口的男孩，要注意了！

在日常生活中，我们经常会看到一种情况：当孩子还小，走路不稳，很容易就摔倒，或是撞到门上、墙上，父母们通常会对着那个地方边做打的动作边说“谁让你撞我家宝宝的，打死你”，“妈妈踩它，它让宝宝摔跤了”等话语……孩子看在眼里，记在心里。等到下次摔了或撞了，也会学家长的动作和语言。慢慢的，孩子们就会觉得：自己摔跤了或撞了，不是自己的错，而是地或门、墙的事，是它们不好，让“我”摔跤了，撞到了……

等孩子逐渐长大，做事情遇到挫折坎坷时，往往习惯性抱怨或者找借口，父母再来责备孩子："你就会找借口，也不找找事情的真正原因。"父母越责备孩子，孩子们就越容易有逆反心理。因为父母从小就给他们灌输了"找借口""推卸责任"的观念，在孩子的心里种下了"找借口"的种子，把责任、过错给"推卸掉"。

美国教育学家布卢姆说过，借口是不想担负责任的托词，是不信守承诺的反映，是畏惧困难、不求上进的表现，它直接阻碍着一个人将来的成功。所以，对一个"爱找借口"的孩子，我们要予以重视。有研究发现，在童年时期记录在大脑中的"家长意识"，即家长或相当于家长的人身体力行、言传身教所提供的"外部经验"，将永久不衰地记录在每个人的"人格"磁带上，它在人生中会自动播放。

一个成年人做错了事，老找"借口"推卸责任，人们会说他"死不认账"。也许在他的思维中，为自己"找借口"，为自己辩护、推卸责任，把错推给别人，都已成为习惯，在他们的思维中已根深蒂固。父母们为了不让孩子受到任何"伤害"而为孩子"找借口"，把错推给环境、推给他人，导致孩子在成长过程中也学会了找借口来偷懒、来推卸责任。

那么，父母该如何预防或纠正孩子找借口的行为呢？

父母不要一味批评和责怪

当孩子做错事，父母采取的方法基本上都是批评和责怪。

比如，当孩子摔跤了，你如果一味追问责怪：“我让你小心一点，你就是不听。”下次，他们再不小心摔倒时，可能就会把自己撇干净，把“肇事的责任”推到那个不会动的东西上。

一个人对事情发展的成因的理解，分为内因和外因。当孩子犯了错，如果家长的态度是责备，他会因为害怕而把自己犯的错归为外因，以此来替自己开脱，推卸责任。比如，孩子考试成绩不理想，如果父母的态度是包容的，他可能会觉得内疚，暗自告诉自己下一次要努力，把失败归为自身的原因。反之，如果父母的态度是苛责的，责怪孩子不好好学习，他们可能就会找借口说试卷太难了，考试状态不好，把考试失败归为外因。

理解孩子的叛逆

孩子的成长历程中要经历三个叛逆期：2～4岁宝宝叛逆期，6～8岁儿童叛逆期，14～16岁青春叛逆期。处在叛逆期的孩子，会选择和父母唱反调。父母让他们做什么，他们就偏不做，等到父母要惩罚的时候，他们就会找借口来搪塞，向父母证明自己没有错。对此，父母要充分了解孩子的成长情况，理解孩子，引导孩子正确面对。

父母不要一手包办和代替

很多家庭在陪伴和照顾孩子上，尤其是隔代抚养的，包办和溺爱的态度特别普遍。本该孩子自己去完成的事情，全部都由家长包办了。比如喂饭、穿衣、收拾玩具等。这样包办的后果，会造成孩子对父母的照顾有依赖，缺乏责任心。一旦有什么事情不对了，就会怪罪于他人，而认为自己没有错。游乐场里，小朋友都在一起玩，一个孩子因为在滑梯上上蹿下跳，不小心摔倒了，他坐在地上，冲着奶奶大叫："都怪你！"奶奶不仅没有生气，反而一脸宠溺地说："是的，怪奶奶没有看好你。"长此以往，孩子不仅会变本加厉地找借口逃避责任，甚至是非观都会扭曲。

父母需要为做不到的事情"解释"

有时，父母已经答应了孩子的事情，可能会因为一些原因不能去兑现。此刻很多父母就会和孩子解释，自己为什么没有做到承诺的事。可在孩子的认知里，没法理解父母所谓事情的轻重缓急，却学会了模仿父母"找借口"。所以对"爱找借口"的孩子，父母应该给予正确的引导和教育，把孩子从找借口的"深渊"中解脱出来。

家庭成员保持教育一致性

在很多父母的教育理念里，认为教育孩子应该是一个唱红脸一个唱白脸，一个严一个松，相互配合，才能张弛有度地去教育孩子。其实，这样很容易让孩子"钻空子"。比如，爸爸批评了孩子做得不对，妈妈呢，就扮演那个好人角色，帮孩子解释为什么，时间久了，孩子也就觉得自己没有错，很喜欢找借口。父母教育不一致，互相指责，这样的家庭环境，会影响孩子的处事方式。

好斗男孩怎么教？

随着孩子逐渐长大，很多父母发现家里的男孩脾气变得暴躁，每次和父母或同学闹了矛盾，就会乱打人，乱摔东西。而且通过这种方式，孩子每次都能满足自己的意愿。孩子好斗的个性通常让父母很担心，这样会影响到他将来的发展。父母要从小给予孩子指引，让孩子学会用正常的手段来满足需求，让孩子既能保持活泼开朗的个性，又不陷入争强好斗的旋涡中去。

及时制止孩子动手打人的念头

在孩子最初扬起小手拍打父母的脸的时候，父母要做的不是嘻嘻哈哈一笑而过，不要当好玩，不要觉得孩子好厉害，而是应该表情严肃地摇摇头，告诉他这是不可以的，这会让爸爸妈妈伤心，爸爸妈妈会疼。很多父母和老人在这个时期往往忽略孩子这种打人行为，当孩子扬起手打人的时候，还笑得很开心，有的打完左脸，还把右脸伸过去让孩子打。直到孩子有力量了，能打疼他们了，他们才摇头说不可以，可是已经太晚了。孩子一开始是完全意识不到这是不正确的行为的，是父母的默许给了他们这样的“学习”机会。

妥善引导

孩子过于好斗并非好事。父母要教会孩子理性地处理问题，让他认识到争斗并不能够真正解决问题。妈妈要鼓励孩子去与他人分享食物、玩具，教他与人合作玩游戏。孩子逐渐会发现，其实他不和人打架，也能得到想玩的玩具或食物。当孩子的言行中表现出好斗时，父母要先分析孩子出现这种现象的原因，而不是放在行为本身上，这样才能找出孩子好斗的根源所在，在孩子们产生问题或矛盾时，才能帮孩子理性地解决问题。

父母不要带着孩子看一些带有暴力倾向的影视作品、书刊，孩子的模仿能力是超乎你想象的。有的父母也是以暴力为教育孩子的主要方式。你以怎样的方式教育孩子，你的孩子就会以怎样的方式处世。请注意在孩子2岁之前及6岁之后千万不要动手打孩子。

鼓励男孩多参与户外活动

让孩子多参加户外活动有助于孩子保持活泼开朗的个性。孩子多参与户外或社会实践活动，能够开阔眼界，增进人际交往技能，使孩子更活泼自信。孩子正处于长身体的阶段，多参与一些户外活动，能够开阔自己的心胸和视野，还能强身健体。父母陪同孩子一起参与户外活动，不仅能增强亲子间的交流，还可以给孩子树立一个健康的榜样。

不要过于限制孩子的出格行为

父母喜欢限制男孩的一切出格行为，把它们视为“坏孩子”的表现。事实上，男孩喜欢做出格的事，是男孩冒险意识的表现，这会锻炼男孩的探索能力、动手能力，使他们在这些行为中满足自己的男子汉欲望。孩子出格并非坏事，父母只要善于引导，就可以开发孩子的天赋。父母要在保护孩子安全的前提下，鼓励孩子在生活中多做出格的事。这是对男孩天性的维护，也是对男孩能力的培养。

保护好男孩活泼好动的个性

保护好男孩活泼好动的个性，是为了男孩个性的正常发展。活泼开朗，是男孩阳刚气质的表现。父母如果限制了孩子的活泼开朗，会有损于孩子男子汉气概的形成。男孩在玩的时候，一定要让他们放开了玩，玩到尽兴，这样有利于培养孩子开朗的性格和积极有效的人际互动关系。孩子如果玩得不尽兴，会阻碍他个性的充分施展和发挥。父母不要指责男孩玩得太疯、太过火。只要在安全的情况下，父母要鼓励男孩放开了玩耍。

男孩的臭脾气可不是“解放天性”，必须克制

孩子发脾气既令人愤怒，又令人尴尬。有的父母一碰到孩子在公共场合躺在地上又踢又哭时，就会手足无措，恨不得孩子要什么都答应，只要他别这样闹，别这样发脾气。也有的父母

认为孩子发脾气是很正常的行为，是“天性”使然，孩子大了自然就好了，现在可以听之任之。

有时候，孩子发脾气是因为他们累了，却被父母拖着去一些他们没有办法应对的地方。而孩子可能以一种不易察觉的方式尝试过让父母知道他的愿望和需要，但父母没有注意到。发脾气也是孩子的一种沟通方式。如果孩子第一次发脾气就能有效地吸引父母注意、阻止父母做某些事或让父母生气，那么孩子或许会认为这就是与父母建立联系的方式。

孩子爱发脾气终究不是好行为，不仅影响父母的生活状态，还影响孩子的成长。但孩子还没学会控制和调节自己的情绪，这就需要父母根据孩子的发展阶段来进行引导。

针对不同年龄段的孩子进行指导

①2岁孩子爱发脾气：我做不到。应对方法：转移注意力。

在2岁孩子的认知里，自己就是世界的中心。他们认为自己无所不能，并且可以为所欲为。当想要做的和可以做到的事情之间出现差距的时候，大脑就会产生压力激素，比如皮质醇，它会让孩子的大脑产生愤怒的情绪。当2岁孩子想把圆柱体放进方形孔里，又放不进去时，瞬间就躺地上大哭打滚。2岁孩子发脾气，其实是在向大人求助：帮帮我，我做不到。这个时候，父母的吼叫只能让孩子压力更大、脾气更大；拥抱他、抚慰他也没那么管用了。此时父母正确做法是：帮孩子转移注意力，给他一个别的玩具，让他做点别的事情，你会发现，他很快就平静下来了。

②3岁孩子发脾气：害怕变化。应对方法：规律、安全感。

3岁孩子刚刚形成的安全感非常脆弱。他们一方面很依赖自己掌握的规律，另一方面却又想掌控环境。表现出来的样子，就是爱发脾气的“熊孩子”。比如他已经知道了按下开关，玩具就会发出响声、出现固定的画面。可如果玩具没电了，打开开关，没有了声音和画面，他马上就会崩溃了——他心中安全感依赖的规律被破坏了，这让他很生气。

所以父母会发现，孩子常常会因为穿衣服的顺序错了、玩具摆放的位置被改变了这种小事大发脾气。让3岁孩子情绪稳定最好的办法，就是让生活有规律、让他有充分的安全感。养成规律的生活，引导并尊重孩子对自己生活做一些安排，允许孩子“发号施令”，不但能让他情绪更稳定，而且还能一举两得地帮他养成好的生活习惯。

③4岁孩子发脾气：争取权利。应对方法：适当放权。

4岁孩子发脾气，源于他们想要争取更多权利。比如你告诉他要吃完蔬菜才能吃蛋糕，他不仅不吃还故意和你对着干，瞬间让你怒气爆棚！这个时候，不如给他点权力。比如你跟他说，你自己决定要吃多少吧。小孩也许会说，就吃一口！这时一定要努力控制好自己的情绪，跟孩子协商更多的解决方案。如，吃十口怎么样？要是孩子依然坚持就吃一口，也不要陷入权力之争。你可以试着这样和他说，你可以自己决定吃几口，但吃完蔬菜才能吃蛋糕是妈妈定下的规则，不可以改变。这种陈述事实而不去指责的说话方式，是父母们这个阶段需要练习的技巧。说事实比指责孩子更有利于事情的解决。每次权力之争都是考验父母心力的时刻，不强迫孩子而赢得他合作的办法，才是能长久使用的好办法。

④5岁孩子发脾气：自尊心。

5岁孩子开始有了强烈的自我意识，自尊心开始萌芽。他非常渴望被关注，很想什么都做得很好。这个阶段，让他大发脾气的主要原因有两个：学习吃力，或者做错了事情。因为太着急做好，所以学习一旦遇到了挫折，就很容易发脾气。做错事情，怕承认了错误自己就不再是个好孩子，也会在大人询问责备的时候大发脾气。

对待5岁的孩子，尽量少批评是个不错的原则。比如打碎东西，问问他应该怎么办，比说“你为什么总是不小心”“是谁干的”要好很多。5岁孩子，心里是非常有数的，自己能做什么，不能做什么，他心里拎得可清了。要是你要求他们做的事情，让他们觉得超出自己的能力，他们就会用发脾气来反抗。

对待孩子发脾气，每个年龄段适用的方法都不一样。只有用对方法，才能真正帮助孩子改掉坏脾气。

适当为孩子补充维生素 B_6

维生素B_6缺乏会导致孩子变得脾气暴躁，爱发脾气。如果孩子维生素B_6摄入不足，容易出现兴奋不安、反射亢进和周围神经炎，还可导致头痛、脾气急躁、困倦、易激动，甚者可出现精神抑郁。因此，父母要多为孩子补充维生素B_6。动物性食物中维生素B_6含量较多，其中白肉（如鸡肉、鱼肉）中含量最高，其次是肝脏、豆类和蛋黄等，部分水果和蔬菜中含量也比较多。

父母平时要让孩子多吃一些新鲜的蔬菜和水果，尽量少吃零食多喝水，这样能够提升孩子身体的新陈代谢能力，缓解爱发脾气的症状。

男孩被别的孩子打了怎么办？

现在有很多“熊孩子”真的让人头疼。在游乐场里，有的孩子不是抢东西就是打人，他们的父母看了还得意地笑，丝毫不以为然。那么，如果你的孩子被打，作为父母你会怎么办？你支持打回去吗？

最常见的几种处理方法是：①用合适的方式告诉长辈。②要尽量避免正面冲突。③如果不是什么大事，就不要跟他人一般见识。④打回去。

中国公安大学犯罪心理学专家李玫瑾教授做客《开讲啦》被问及这个问题时，她用了“肯定支持”四个字来回答。

在《开讲啦》节目里，李玫瑾教授分享了自己的孙女刚去幼儿园被伤害的事例。

小女孩刚上幼儿园一个月就被一个喜欢她的小男孩抱起后扔下，磕在坚硬物体上导致头部肿胀。与普通家长不一样的是，她用专业知识告诉孙女怎么保护自己："因为男孩女孩体力悬殊会导致被抱起的你挣脱不掉，如果再遇到这样的事情时，就用两只手拽对方耳朵，一拽一疼，他自然就把你放下了。"

为什么要打回去呢？李玫瑾教授说："被欺负的孩子如果不打回去，那些欺负别人的'熊孩子'就会一而再，再而三地欺负别人，因为好玩。"

是的，大多数时候，仅仅是因为好玩，欺负别人的"熊孩子"就为所欲为，把这个恶作剧一直延续，如果我们不打回去，他就不会有同理心和共情力，更不会因此而产生敬畏之心。

人一旦失去敬畏之心，往往会变得肆无忌惮、无法无天，甚至于丧失底线。

很多父母对孩子的教育都是，只要孩子乖乖的，就不会遇到被人打的情况。但事实上，在这个复杂的世界里，自己不作恶容易，不被作恶，却很难。因此，父母要教会孩子保护自己，不伤害别人，但也不要被伤害到。

让孩子不伤害人但也不要被伤害

我们不鼓励孩子在与同龄人交往时，以武力解决问题。不要主动攻击他人，使他人受到伤害。但是如果我们的孩子被其他小朋友打，他自己奋力回击的时候，做父母的就尽量让他们自己去解决。尤其是发生在同龄孩子之间的攻击行为，特别是在幼儿园，如果是对方故意找茬，就要平等地还击回去。

既然已经教会了孩子善恶分明，那就要尊重他本能的情绪。

为什么要求一个几岁的孩子去掩饰自己真实的情感呢？对别人的伤害要忍让，甚至要以德报怨，这会让孩子渐渐失去对这个世界最初的好恶判断。为什么很多孩子挨打了就只会蹲在墙角哭泣，很多时候都是父母对他们情绪的否定、压抑造成的自卑。孩子受欺负了打回去，让伤害别人的人知道自己不可以随意伤害他人，其实就是一种本能。

父母要让孩子从小做一个勇敢而温暖的孩子，坚定地告诉他："如果有人打你，就勇敢地按照自己的方式回击。当然，回击别人要注意分寸，如果欺负停止了，回击也要停止，不要造成主动的攻击和伤害。"

让孩子学会自我保护

"以其人之道，还治其人之身"的方式只有在双方力量相当、保证人身安全的前提下才可以使用。父母还要教孩子各种自我保护方式。比如，当遇到比自己年龄大、体格强的孩子时，还是要先学会自我保护。

首先，告诉孩子，如果有人打你，一定要大声地喊出来，表明自己的态度："你不要打我！打人是不对的！"

如果对方继续打或者抓住自己，按住对方的手，把对方的手从自己的身上剥离，并迅速离开，确保不会受到进一步的伤害。

如果对方继续追打或者场面不可控，立即寻求身边成年人的保护，可以是老师、家长，或者管理员，等等。不一定在每次有问题的时候都需要求助于外力，但要让孩子明白，当自己的能力无法应对时，老师和家长都是可以保护他们的力量。

告诉孩子，在任何场合，一定要有一些好朋友。真正容易被欺负的人，往往都是孤立的。只有融入了集体之中，才拥有了震慑危险的力量。

最重要的一点，不管在外面遭遇了什么事情，都一定要告诉家长。应该让孩子知道，家在任何时候都是可以栖息的港湾，不管事情的结果如何，做父母的都应该尝试着去理解、安慰和包容。

我们一定要告诉孩子：我们不惹事，但也不怕事。遇到自己能解决的问题，可以适当反击回去。遇到自己一时解决不了的问题，我们需要首先保证自己的人身安全，然后换个策略想办法处理。

男孩的嫉妒心理如何引导？

嫉妒是人类正常情感中的一种，不仅大人有，孩子也会有。不过孩子的嫉妒和成年人又不一样，需要家长正确看待和引导，帮助他们消除这种心理。

理解孩子，正视他的嫉妒心

孩子的思想是很单纯的，之所以看到妈妈抱了一下别的宝宝就哭闹，是因为他以为妈妈不要自己了。类似这样的嫉妒所反映出来的不是道德败坏、品行低下，而是孩子对妈妈的爱，是一种本能。所以家长们千万不要大惊小怪，更不要责骂，而是要想办法正确引导。当孩子对于父母关心其他小弟弟、小妹妹多一些而表现出愤怒的时候，父母不要大声呵斥他，更不要说“你真是个坏孩子”“这么不懂事”这一类会伤害孩子的话，而应该温柔地告诉他：“弟弟妹妹还小，需要照顾，但是妈妈更爱你，只是现在要暂时请你当个小大人，等一会儿妈妈就来陪你玩，好吗？”明确告诉他在大人心中的分量并没有因为其他孩子而有所改变，并且要让他学会爱和照顾其他的孩子。

要把握分寸

尽管孩子的嫉妒并不是道德问题，但家长也不能因此就不重视甚至忽视了孩子的感受。如果家里来了小客人，父母对于他们的态度不要过于热络，不可为了尽地主之谊而有着明显的厚此薄彼。孩子也是很敏感的，尤其在对待父母关爱这一方面，有时候或许大人是无心的，但孩子却都放在了心上。在招呼小客人的同时，也要注意把自己的孩子包括在内。

要充分关心孩子

如果孩子频频有嫉妒情绪流露出来，这就是在提醒家长们该思考一下，是不是对孩子的关注和爱护太少了，以至于让孩子时常产生“爸妈是不是不爱我了”这样的错觉。对于小孩子来说，父母的关爱就是安全感和归属感的来源。多花一点时间陪伴孩子，他们的失落感和不安感就会减少许多。

帮助孩子找到自身的优势

有时候嫉妒和羡慕仅仅只是一线之隔，当孩子看到别人有漂亮的裙子，想着“真是一条漂亮的裙子啊！如果我也有，那该多好啊！”，这就是羡慕；如果想的是“为什么她有这样的裙子，我却没有？我不管，我也要！”，这就变成嫉妒了。每个人都有自己的优势，要帮助孩子找到自己的闪光点，比如在剪纸方面有天赋，比如身体的协调性很好等等，让孩子知道自己也有能让别的孩子羡慕的地方。

正确利用孩子的嫉妒心

嫉妒其实是一把双刃剑，利用得当，完全可以变成激励孩子的动力。因为有嫉妒心的孩子，说明他也有很强的自尊心。如果看到别的孩子比自己好，心里一定会有股不服气的劲儿。家长在这个时候千万不要数落他，说“你真没用”“你看看谁谁，比你强多了”这一类的话，也许大人的本意是想刺激孩子更加努力，但这种措辞很明显也会伤害孩子的自尊心。家长要做的是应该鼓励孩子积极进取，与小朋友们良性竞争，告诉他只要尽力付出了就已经收获了成功，就是好孩子。要时刻对孩子说“你行的，要相信自己有潜力”，而不是一味地泼冷水。只有这样，孩子的负面情绪才能够转化为积极的动力。

不要将嫉妒变成伤害行为

很多孩子在很小的时候都抢过其他孩子的玩具，只是因为自己没有，结果害得别的孩子一直哭。小孩子自制力不强，心里怎么想很容易就怎么做。这个时候父母亲不能粗暴地打骂孩子，而应该耐心的和他讲道理，问他“如果今天是别的小朋友抢你的玩具，你会不会感到很难过？”用换位思考的方式让他明白自己的不对之处。同时趁机教育孩子要知错能改，勇于承认错误，让他向对方道歉。孩子道歉后，家长也不要忘了表扬孩子，让他知道认错并不丢人，而是很正确的行为。

抑制不住的好奇心——男孩总是乱摸乱撞

相信很多人小时候听过最多的一句话就是：别乱碰！当自己成为父母，这句话通常又变成了自己的口头禅，当然是对自己的孩子说的。很多孩子拥有极强的好奇心，遇到的东西都要上去摸一摸、碰一碰。他们对这个世界充满了好奇：“为何电话会说话?”“汽车为什么会跑?”“水里为什么有鱼?”“玩具能不能放水里?”

孩子总是喜欢乱摸乱碰，确实让很多父母头疼。但是，孩子爱动，肯定有爱动的原因，到了爱摸爱动的年龄你不让他摸也不让他动，对孩子的成长发育有很大影响。

国外研究表明，孩子动手能力的高低与脑前额叶发育息息相关。脑前额叶支配对情绪的控制、自我意识、理性思考、判断与决策能力、长期规划和延迟满足，这一控制系统的发展主要依靠孩子生活经验的积累，包括尝试和犯错的经验。换言之，培养孩子的动手能力能有助于脑前额叶的发育，让孩子更易于适应社会。

在孩子探索世界的时候，想摸东西是很正常的。父母不应该为孩子的正常行为而惩罚他们，惩罚很有可能给他们造成怀疑和耻辱感，而不是健康的自我价值感。但这并不意味着应该允许孩子摸他们想模的任何东西，父母应该想办法教给孩子可以摸什么和不可以摸什么。

直接制定规则

对于年龄小的孩子来说，行动胜过语言。如果父母不想让孩子触摸某样东西，就要坚决地告诉孩子不要摸。当孩子再去摸时，要立即让他离开那件物品，并给他看一个可以摸的东西。父母要让孩子看到如何去摸一个物品，而又不损坏物品或伤到孩子自己。比如："我们可以闻一闻这些花，不要摘。""饮水机下放好杯子就可以开水龙头了。"

积极引导孩子

孩子爱摸爱动并不是一件坏事，反而是父母应该积极引导孩子到底如何"摸"、如何"动"。3岁开始，孩子的动手能力会越来越突出。父母会发现孩子可以单独活动每一根手指或者是活动整只手，而不是像之前用拳头来握住蜡笔，使用拇指一侧和其他手指来拿东西，这种拿法已经类似于成年人了。这个年龄的孩子已经可以用手比划出一个正方形、圆形或者自由涂鸦。孩子对自己所能用的工具，如剪刀、纸张感兴趣；同时也对材料，如黏土、颜料、蜡笔等表现出极大的兴趣。孩子们现在所拥有的技能就是用手来操作这些对象，并尝试着用这些对象来完成其他事情。以下活动可以提高孩子的动手能力：堆积木、简单的智力拼图、用蜡笔或粉笔着色、用沙堆城堡、把水倒入不同的容器中、给芭比娃娃穿脱衣服等。

4岁大的孩子双手协调能力基本都发育完全了。因此，他们能照顾好自己。现在他们已经可以自己刷牙、穿衣服了，他们甚至还能自己系鞋带。

5岁大的孩子对手的操控性越来越娴熟，手工艺品在他手中也越来越活灵活现并让他兴奋不已。这时他最喜欢的活动如下：书写和绘图，一手拿纸张，另一只手拿铅笔或蜡笔，临摹几何图案，如星星或钻石；棋牌游戏；用刷子或手指来画水彩画；黏土造型；剪纸；搭建结构复杂的积木。

伤心欲绝的幼儿园之旅，如何应对？

俗话说“万事开头难”，孩子上学也正是如此。送孩子去幼儿园的时候，很多父母应该都会遇到孩子紧紧抱着自己不放手的情况。孩子哭得如此伤心，让很多爸爸妈妈都心碎。但是孩子必须要上学了，不能不去，自己虽然舍不得，却不得不让他去。父母的心情如此矛盾，有时听着孩子撕心裂肺的哭喊声，真是不知道怎么办才好。但如果父母提前做好孩子入园前的准备，孩子就会变得很听话。

对孩子进行合理的引导

父母要对孩子进行一些心理引导，做一些好的心理暗示，应当跟孩子说一下幼儿园的老师会很好，有很多小朋友一起玩，这样的话，孩子就会觉得幼儿园是一个很有趣的地方，他们就不会从内心感到害怕了。父母也可以先带领孩子去幼儿园体验一下，让孩子和其他的小朋友在幼儿园玩儿上一会儿，有父母的陪伴，孩子就不会觉得幼儿园很陌生。入园时，他们会觉得之前去过就不再感到害怕了。而父母一定要在孩子入园之前对孩子进行一些幼儿园讲解，甚至可以让一些比孩子稍微大一点的上过幼儿园的小朋友给孩子进行讲解，这样的话会更有效。

加强孩子各方面的能力

当孩子离开父母之后，就处于一个独立的环境了，需要加强自身的能力，比如生活作息的能力，中午要午休，不能让孩子产生一种“我比别人差”的想法，所以父母要在这方面好好引导孩子。

培养孩子独立入睡的能力

许多的小朋友在家里经常要父母抱着哄着才能睡觉，一旦到了幼儿园，老师是不可能把每个孩子都照顾到的，这个时候孩子如果特别想妈妈，就可能睡不着了，所以一定要培育孩子的独立入睡能力。这一点需要在入园之前就做好，平时让孩子独立在屋子里睡觉，给孩子一个玩具，陪他睡觉也可以。

培养孩子的交际能力

一个不说话的孩子在幼儿园是无法好好学习的。孩子在幼儿园需要和朋友之间相互玩耍，这是培养交际能力的开始，父母需要多教导孩子让他和小朋友一起玩儿，这样便于建立深厚的友谊。

抢夺别人的玩具，还有理了？

很多父母发现孩子爱抢别人的玩具，就想着孩子肯定是喜欢那个玩具，回头也给孩子买一个，结果发现，他拿到新玩具后，玩一会儿就扔一边了，看到别人的玩具还是照旧抢夺。难道孩子真的这么喜新厌旧吗？这到底是怎么回事呢？

为什么孩子喜欢抢夺别人的玩具呢？有以下几点原因：

①新鲜感。孩子的认知能力有限，看到别人手里拿着玩具，肯定会觉得既新鲜又好玩，从而忍不住想要自己拥有。孩子们应该都没有产生过要“抢夺”的念头，只不过因为实在太喜欢了，所以行为上表现得有些过激而已。

②好奇心。孩子们在来到这个世界之前，对所有事物都是一无所知的，所以，等他们出生之后，必然需要不断地认识周围的新鲜事物。可想而知，在新鲜事物的诱惑下，他们的好奇心也必然会被逐渐激发起来。而别人手里的东西，因为起初只能远远观望，并不能亲手摸到进行更深入的了解，当然也会神秘感倍增。结果，为了一探究竟，他们便会忍不住想要“拿”过来仔细考究考究。但是，有些孩子又不懂得如何与对方友好协商，从而让对方心甘情愿地把东西给自己，所以最终可能就变成抢了。

③占有欲。当孩子的自我意识逐渐萌发的时候，他们很容易变得以自我为中心，认为所有东西都是自己的，而根本不会意识到“自己”和“别人”可能是有区别的。正因为这样，所以他们才会对任何东西都想拿就拿，根本无所顾忌。也就是说，很多喜欢抢别人东西的孩子，占有欲也是非常强烈的。

孩子喜欢抢东西，不能说他们本质就有多坏，他们所有怪异的行为都是有原因的。只不过，身为父母的我们都知道，抢东西是不对的，不管孩子有怎样的初衷，我们都应该在第一时间纠正他们的这种行为。父母一定要在不伤害孩子的前提下，帮助孩子改掉这个不受欢迎的行为。

正确引导

很多父母认为孩子还小，就会主动帮孩子选“自己认为他会喜欢”的玩具，让孩子失去了自主选择的机会。其实父母可以带孩子去商城让他自己选择，这会大大增加他的自主性与兴趣。让孩子玩腻了再考虑换玩具。父母往往担心一个玩具不够孩子玩，所以孩子身边的玩具越来越多。其实玩具多了反而不能吸引孩子产生更大的兴趣。父母不妨陪着孩子一起玩，教他怎么去玩，当一种玩具玩出多种花样时，再考虑换玩具。

每个孩子都有很强烈的好奇心，即使他玩过的玩具在其他小朋友手里，他也会不自觉地去抢，总是觉得别人手里的东西才是好的。当孩子抢其他小朋友的玩具时，父母应该在一旁鼓励孩子与小朋友交换玩具玩儿。告诉他：“你可以玩儿别人的玩具，但是不能抢，我们可以交换着玩儿，可以一起分享。”并积极鼓励孩子去这么做，并不断地去赞美，让孩子渐渐喜欢上与人一起分享，从而不再去抢夺其他孩子的玩具。当孩子抢玩具时，父母切不可说：“快还给别人，妈妈回去给你买。”一旦这种承诺不能兑现，父母就会失去孩子的信任，不利于“抢玩具”行为的纠正。孩子只有在父母的指导下才会培养出良好的社会行为。

教会孩子同理心

教会孩子同理心很简单，在和孩子玩得正尽兴的时候，突然抢走他的玩具，并趁机让他明白，他的玩具被抢了他会不高兴，而他抢了别人的东西别人肯定也会不高兴。当孩子切身体会到被抢的负面情绪之后，他才有可能真正设身处地为他人着想。

确立规则

无规矩不成方圆，必须帮助孩子建立规范的行为准则，孩子在日后的人际交往方面才不会出错。尤其是爱抢别人东西的孩子，父母更要注意规范他们的行为。要告诉孩子不可以随便抢别人的东西，如果真的喜欢，可以和对方商量。如果单纯的说教不起作用，可以和孩子做好约定，如果他抢了别人的一样东西，那他也将被没收一个玩具，并付诸实施。如此，孩子的规则感将越来越强烈，以后也就不会再抢别人的东西了。

最好的教育时机在第一次

当孩子第一次抢别人的玩具的时候，父母就及时进行干预，可以更快速、更有效地将他们的这种不良行为扼杀在萌芽之中，同时也能够防止孩子在多次重复这种行为之后，养成根深蒂固的坏习惯。

总之，家庭是孩子的第一成长环境，父母是孩子的第一任老师，无论何时，只要你发现孩子出现任何不良的行为时，都要给予重视，并及时纠正，千万不要等孩子的这些行为持续恶化，发展到不可收拾的地步再后悔莫及。

孩子爱顶嘴——未必是坏毛病

很多父母发现，孩子不知道什么时候变得爱和自己“过不去”了，父母无论说什么，孩子都要顶嘴一两句，孩子的这种行为让自己生气，然后情况就会陷入恶性循环：父母越生气孩子越顶嘴，孩子一顶嘴父母更生气……

其实孩子爱顶嘴并不是一件坏事情，并不像父母想的“孩子开始不乖了”，而是因为孩子到了一定的年龄，开始独立思考，对事情有自己的看法和主见了，不再凡事都以父母的意见为准，因此当父母说什么的时候，孩子马上表达出自己不同的意见。有教育专家表示，顶嘴能刺激孩子的语言能力发展，促进孩子逻辑思维发展。爱顶嘴的孩子教育好了，一定会大有出息。如果爸妈给孩子安排做什么事情，孩子总是说好、可以，那父母才要重视呢。当然如果孩子是在故意胡搅蛮缠，父母也不能纵容。

所以当父母们遇到这样的问题，一定不要着急上火。孩子逐渐长大，如果父母总是不尊重孩子的想法，不仅会影响亲子关系，孩子遇到问题时，也不愿再向家长敞开心扉了。父母先耐心听听孩子怎么说很重要。把话语权交给孩子，让他们说出自己的想法，父母的重视和尊重的态度，也比较容易让孩子改变主意。孩子受到父母的影响，以后长大了遇到这样的问题，也会明白好好沟通、彼此尊重的重要性。

孩子爱顶嘴，也与家庭的教育方式有关。比如说孩子犯了错，已经意识到了错误，但父母仍长篇大论的说教；或是父母不能以身作则，自己做不到的却要孩子做到，孩子自然会不服气；或是父母把自己的想法强加给孩子……发生这些情况时，父母一定要自我反省。比如很多父母要求孩子学习这学习那，往往是因为自己喜欢但未曾实现的理想，就想要孩子去实现。其实父母应该尊重孩子的决定，孩子感兴趣的，学起来也不吃力。

那么作为父母，应该要如何做才能改变这种情况呢？

给孩子说话的机会

父母不要阻止孩子表达自己的观点，如果孩子一说话，父母就说“你给我闭嘴”“你不要说了”“你想说什么我都知道”，长此以往，只会让孩子和父母的关系变得更糟糕，孩子会把自己的想法埋在心里，“反正你也不让我说，那我就什么都不说好了”。

当然，孩子顶嘴也不能任由他们去，养成了不好的习惯，以后就很难改正了。正确的做法是：给孩子说话和解释的机会，让孩子先说。如果孩子做错事了，父母不要急着训斥孩子，把话语权先给孩子。父母听完孩子的想法，也许就理解孩子的行为了，也就不会生气和训斥孩子了。而且先让孩子把话说完，能避免他们在父母说话的时候再顶嘴。

减少溺爱举动

如果是因为溺爱造成孩子顶嘴，只能从根上开始治。只有把对孩子溺爱的氛围驱除了，顶嘴现象才能减少。最好是全家统一思想，如果孩子明显是不讲道理的顶嘴胡闹，大家都不要理他，孤立他，让他承受后果。当他变得讲道理听话时，再用鼓励的言行强化他的转变。

让孩子学会尊重他人，不要打断别人说话

这一点非常重要，而且父母应该在平时就要求孩子这样做：自己可以有不同的意见，但是要等别人说完之后再表达自己的观点，随便打断别人说话是很不礼貌的行为。如果孩子养成了尊重他人的习惯，也就不会和父母顶嘴了。

适当鼓励孩子"顶嘴"

很多时候，父母为了维护自己的威严，是不允许孩子和自己顶嘴的。由于固有的"大家长制"的传统思想的存在，很多父母认为他们要有家庭生活中的绝对地位，容不得孩子向这种权威发出丝毫挑战。他们的口头禅是"现在都管不了他，那以后他不得反了天？"在这种思想作祟下，他们把孩子不和自己顶嘴，作为成功的教育。其实这是不对的，试想，一个和父母都不敢表达自己观点的孩子，以后如何应对各种咄咄逼人的状况？顶嘴的孩子大多是有主意或者任性的孩子，他们是出于坚持自己看法或是效仿别的小朋友和父母顶嘴，父母应该仔细辨别、正确引导，而不是一味苛责，甚至在某些时候还要适当鼓励孩子"顶嘴"，让孩子勇于表达自己的观点。

如果父母能坚持这么做，相信孩子一定会改正顶嘴的坏习惯，并且能提高孩子独立思考和语言表达的能力，亲子关系也能更加和谐。

网瘾男孩怎么管教?

网络是现代人生活中不可缺失的一部分，但是伴随着网络出现的各种线上游戏却让男孩的父母操碎了心。男孩有“网瘾”，不仅影响学习，还影响他的精神状态。但是如果父母管教不恰当，可能造成男孩的叛逆心理。

理解男孩，耐心引导

很多时候，成年人对于各种各样的网络游戏和电子产品也是很难自控的，因此父母发现孩子出现问题时，应该静下心来想想，这是不是都是孩子的错呢？很多迷恋网络的男孩其实是在网络中满足一些在现实生活中无法满足的心理需要，被家长、老师过分控制、否定、责罚的男孩会在网络游戏中享受到指挥千军万马的控制感、自我价值感。而在现实生活中与父母缺乏沟通、在学校也朋友不多的孤独的孩子，会在网络聊天中去满足交往的需要。孩子的心理需求如同洪水，仅仅“筑堤”是不解决真正问题的，还是要靠“疏浚”来引导，而引导需要从沟通开始。

父母应该和男孩多聊聊网络，有助于获得孩子的信任，成为孩子的“大朋友”，也有助于以此为契机走进孩子的内心，真正地了解孩子，从而更好地引导孩子。平等的交流会让孩子觉得更轻松，也更容易让他们接受自己的意见。

营造和谐的家庭环境

一个家庭的健全和温馨程度会对孩子的成长造成很大的影响。在健全温馨的家庭中长大的孩子不容易产生偏激心理，从而出现“网瘾”的可能性也会降低。

适时的管控

当父母遇到太过“顽固”的孩子，适当的管控还是有必要的。对孩子上网必须提出必要的约束条件，对孩子要实行限时上网，并有目的地培养孩子良好的上网习惯。父母可以把电脑放在看得见的地方，不要放在孩子的卧室，最好放在客厅里，这样随时可以掌握孩子的动态。父母不能随时跟在孩子身边时，可以通过软件对家中的电脑进行管控，设置网络的禁用时间，过滤掉不想让孩子浏览的不良网站，通过这些方式，也可以帮助孩子健康上网。

带领男孩认识更新奇的世界

很多孩子依赖网络，还有一个很重要的原因便是长期待在家中，他们缺乏陪伴，也不愿意自己出门，这个时候，唯有电脑可以给他们带来新鲜感。父母不妨抽出时间带孩子多认识一下外面的世界，了解得多了，选择多了，产生网瘾的机会就变少了。

男孩不愿意分享玩具就是自私吗?

很多父母会觉得自己的孩子怎么这么自私，不愿意和别人分享玩具。分享不是一种天生的品质，而是后天习得的。在孩子3岁之前，如果父母没有太多引导和帮助，不要期待他们会分享。有时他们会显得非常大方，有时他们不想分享任何东西。在孩子们发生冲突的时候，你手边可能需要多备几个孩子们都想要的玩具，或者通过转移注意力的方法让较小的孩子对其他事情感兴趣。其实，即便在孩子3岁以后，让他分享也不是很容易。父母们对分享兴致勃勃，一直鼓励孩子分享，好像不分享的孩子就很自私，就给自己丢脸了，可孩子此时对分享根本没有概念。如果孩子总是显得“自私”，不爱分享，极有可能是家长引导不当。

跟孩子解释分享的意思

父母们在跟孩子说分享时，往往根本不会跟孩子解释分享的意思。一味告诉孩子要分享，却不说分享是什么意思，孩子根本不懂，他们会把分享理解成“送”“给”，要把自己的玩具或喜欢的东西“给”别人了，换了成人也未必就很乐意，何况是孩子。或许他们不喜欢的东西，分享得很痛快，换成他们喜欢的，就怎么都不愿分享。只是因为他们没搞懂“分享”的意思。父母应该耐心跟孩子解释，“分享”只是一起玩，并不是要把他的玩具给别人，他的东西还是他的。当然如果孩子不愿意，也可以不分享。这样孩子就明白了，让他分享就会变得简单。

不要强迫分享

分享是孩子应该具备的好品质，但是不要急于求成。因为分享对孩子来说还是个很难理解的观念，分享会给他带来不舍、犹豫、酸楚、挣扎、忍耐、克制和坚持等复杂情绪，给自己所带来的快乐与满足却姗姗来迟。而且当看到别人分享他的东西所产生的愉悦时，他还会担心自己不再是物品的主人。在孩子学会分享之前，先要保护好他的物权意识，即“这东西是我的”。2岁多的孩子表现得十分自私，看到的东西都要据为己有，不要怪孩子，那是他们到了物权意识期。只有物权意识被充分尊重，他们对自己的物品才有安全感，才会从心底里明白“这东西是我的，即使我给别人玩一会儿，他还是要给我的”，这样他们才乐意分享。

不能威胁孩子

有的父母在孩子不愿意让别人玩儿玩具时会大声斥责：“都是因为你不愿意分享，看，现在没人跟你玩了吧！”父母在引导孩子分享时，要告诉孩子分享的乐趣。一辆小车，一个人玩可能没什么意思，要是两个小朋友一起玩，可以有各种玩法，会更加有意思，自己也不孤单。等玩过之后，那个小朋友很开心，自己也很开心，开心是双份的，这就是分享的乐趣。这样跟孩子讲了之后，再结合例子跟孩子说一说，孩子就会慢慢明白了，也不会排斥分享了。